TROIS JOURS A BERLIN

OUVRAGES DU MÊME AUTEUR

DÉFENSE DU IVe ÉVANGILE

ÉTUDE SUR SAINT JEAN

In-8°. — Épuisé.

L'APOTRE SAINT PAUL

ÉTUDE DE DÉMOCRATIE CHRÉTIENNE

In-8°. — Épuisé.

EN PRÉPARATION, UNE TROISIÈME ÉDITION.

LA SUISSE ALPESTRE

VOYAGES, HISTOIRE POLITIQUE ET NATURELLE

2 vol. in-8°. — Andrivaux-Goujon.

LETTRES A LA PRESSE PARISIENNE

AVEC UNE INTRODUCTION

In-8°. — Sous presse.

GUERRE FRANCO-ALLEMANDE

1870-1871

In-8°. — 3e édition.

Paris. — Imp. G. BALITOUT et Ce, 7, rue Baillif.

TROIS JOURS

A BERLIN

PAR

J.-P. DERAMEY

Prêtre, Docteur en Sorbonne.

DEUXIÈME ÉDITION, REVUE ET AUGMENTÉE

PARIS

AUGUSTE GHIO, ÉDITEUR

PALAIS-ROYAL, 1, 3, 5, 7, ET 11, GALERIE D'ORLÉANS

MDCCCLXXXIV

TROIS JOURS A BERLIN

Que peut-on bien faire ou apprendre en trois jours, à l'étranger, parmi des gens dont la langue effarouche nos oreilles françaises, voire les plus complaisantes ?

La curiosité et le hasard servent, parfois, à souhait.

N'aurait-on, dans une course rapide chez nos mortels ennemis, que saisi deux ou trois faits, cinq ou six paroles significatives, il faudrait encore s'en applaudir et demander au lecteur bienveillant de s'y arrêter.

Ceux qui jetteront les yeux sur les premières pages de cette brochure désireront, je l'espère, aller jusqu'à la fin. Des renseignements, jugés utiles, des motifs nouveaux, on le croit du moins, de foi patriotique et d'espérance : voilà ce que je présente à mes concitoyens. J'aurais voulu faire mieux. A la place d'une gerbe, ce n'est qu'une poignée d'épis. Puissé-je au moins donner de la moisson qui jaunit une idée favorable et inspirer confiance à tous les vaillants ouvriers !

Cette brochure ne contient rien d'inexact. Tout ce que j'y consigne a été vu ou entendu. On pourra se demander comment j'ai surpris ou deviné certaines choses ; mais nul n'aura le droit de mettre en doute ma sincérité. Pour l'enchaînement des faits et l'unité du récit, j'ai cru devoir transposer des circonstances de temps et de lieu : toute autre liberté m'eût paru condamnable.

Ces pages sont avant tout vécues et consciencieuses. J'ai écrit mes souvenirs parce qu'ils sont vrais, et je les publie parce que je les crois de nature à faire du bien.

Paris, 1er juin 1884.

J.-P. Deramey,
Prêtre, docteur de Sorbonne.

APPRÉCIATIONS DE LA PRESSE

Le lecteur nous saura gré peut-être de trouver ici, comme en tête de la première brochure : *Guerre franco-allemande,* quelques extraits des journaux de Paris :

Extrait du RAPPEL du 3 septembre.

Nous recevons un nouveau livre de M. Deramey. Nous avons déjà, on s'en souvient peut-être, parlé de l'auteur. M. Deramey est un prêtre qui, pendant l'invasion, reçut un jour la visite (forcée) du prince Georges de Saxe et de sa suite. Et comme cet Allemand lui demandait s'il était abonné au *Figaro* ou au *Gaulois*...
— Non, je lis d'habitude le *Rappel,* répondit ce curé dissemblable de beaucoup d'autres, et qui avait voté : *non,* au plébiscite.

Le premier volume de M. Deramey était consacré à l'invasion, qu'il avait vue et subie durement; depuis, l'ancien curé du Pin a voulu rendre aux Allemands la visite qu'il en avait reçue en 1870, et il nous décrit, sous ce titre : *Trois Jours à Berlin* (Ghio, éditeur), le court mais intéressant voyage qu'il vient d'accomplir en Prusse.

*

Pour ce qui concerne la description des pays parcourus, nous n'avons qu'à renvoyer au livre, qui est bien fait, et qui est l'ouvrage d'un homme qui sait voir. Chemin faisant, notre abbé a fait causer les Prussiens rencontrés, et il a pris note soigneusement de leurs vues sur l'avenir de l'Europe. Il a fort bien fait; il est toujours très-intéressant de savoir ce que dit et pense l'Allemand depuis qu'il digère ou qu'il essaie de digérer. M. Deramey a laissé bavarder un « vieux docteur » ainsi qu'un « long étudiant ». Tout ce que disent ces gens est instructif; il faut en faire son profit.

Un prêtre écrivant sur l'Allemagne ne pouvait manquer d'étudier le *Kulturkampf;* M. Deramey consacre un chapitre à cette question, et ceci lui donne l'occasion, faisant un retour vers le cléricalisme français, de prononcer des paroles que les vieux partis feront bien de retenir. La leçon est méritée : « On a vu naguère, écrit-il, arriver de Lourdes à Tours des pèlerins allemands ». Certaines gens, « enthousiastes de la miraculeuse piscine, ont fait à ces pieux Teutons un accueil empressé. Ce que l'on a très-bien saisi, dans cette rencontre fortuite ou préméditée, c'est l'aberration de l'idée de patrie, sous l'influence d'un sentiment religieux trop exclusif. »

« Récemment encore, des supérieurs ecclésiastiques.... n'ont pas craint de confier des paroisses à des prêtres allemands que rien n'obligeait à fonctionner en dehors de l'Allemagne. Comment des vicaires généraux n'ont-ils pas compris que nos diocèses ne doivent jamais s'ouvrir à des prêtres qui sont Allemands avant tout et qui nous donnent l'exemple en cela? N'a-t-on pas le droit, alors, de flairer ici une Internationale peu consciente, je le veux, mais bien autrement dangereuse que celle des ouvriers de la main ou de la pensée. »

En résumé, les *Trois Jours à Berlin* étaient le complément obligé des *Notes sur la guerre franco-allemande*. Après avoir avoir examiné les Teutons chez nous, il fallait les regarder dans leur milieu. Maintenant l'étude est complète.

JEAN DESTREM.

Extrait de LA FRANCE du 28 août.

M. Deramey est l'auteur d'une récente brochure sur la guerre de 1870, brochure dont nous avons eu l'occasion de parler et dans laquelle on sent le souffle sincère du plus pur patriotisme. Dans la nouvelle brochure qu'il publie aujourd'hui, l'honorable prêtre continue l'œuvre sainte qu'il a entreprise et qu'il conduit si dignement.

Dans sa course rapide à travers l'Allemagne, l'écrivain nous conduit de Paris à Cologne, puis à Berlin, puis à Dresde; ses impressions sont vives, nettes, toujours justes et impartiales. Sans doute, il n'a pas découvert l'Allemagne; mais, comme il le dit fort bien, n'aurait-on, dans une course aussi rapide chez nos mortels ennemis, que saisi deux ou trois faits, cinq ou six paroles significatives, il faudrait encore s'en applaudir.

Ces faits, M. Deramey les a vus; ces paroles, il entendues, et il nous en fait part pour notre instruction à tous.

Beau et bon livre, écrit par un homme de cœur et par un bon Français. — L. N.

Extrait du SOIR du 6 septembre.

Trois Jours à Berlin : sans doute c'est bien peu de trois jours pour visiter la capitale allemande et pour étudier le caractère teuton. Mais ce n'est pas la première fois que M. Deramey voit des Allemands; en 1870, étant curé du Pin, il dut loger le prince Georges de Saxe et sa suite; il fut le témoin navré du siège de Paris; la mémoire de cette époque terrible le poursuit, et d'un bout à l'autre de son récit on sent la préoccupation constante de mettre notre pays en garde contre l'éventualité de nouveaux malheurs.

« Que la trompette sonne de l'autre côté des Vosges, dit-il dans sa conclusion, et nous saurons vite que la patrie allemande est au-dessus de tout, pour les catholiques comme pour les protestants, les juifs et les libres-penseurs teutons... La conception du patriotisme, chez ce peuple, est aussi arrêtée que son idée de l'unité allemande. En est-il de même chez nous tous, dévoués à la France républicaine ou attachés encore à l'ancien régime?... Nos ennemis comptent nous trouver désunis et nous écraser encore une fois. Restons unis quand même et rassemblons tous nos amours sur la France telle qu'elle est, en confondant toutes nos haines sur l'ennemi, qui est aujourd'hui ce qu'il fut toujours. »

Ces quelques lignes sont comme la quintessence du livre, dans lequel on rencontre une foule de rensei-

Extrait de la PRESSE du 27 juillet.

L'éditeur A. Ghio vient de mettre en vente *Trois Jours à Berlin*, une nouvelle brochure de M. l'abbé Deramey, le patriotique chroniqueur de la guerre franco-allemande, l'érudit et spirituel observateur de la *Suisse alpestre*. Comme le dit si bien M. Deramey, la curiosité et le hasard l'ont servi à souhait pendant son rapide voyage en Allemagne, et il peut apporter aux lecteurs français « des renseignements utiles, des motifs nouveaux de foi patriotique et d'espérance ».

Le dernier ouvrage de M. Deramey est de ceux dont on ne saurait trop conseiller la lecture aux nombreux patriotes qui ne se contentent pas de manifester leurs sentiments en cassant quelques vitres et en déchirant quelques carrés de percale ; à tous ceux qui, aimant le pays et s'appliquant à le servir, croient nécessaire de bien connaître ses ennemis.

Les chapitres intitulés *le Vieux Docteur, le Long Etudiant, de Berlin à Dresde,* pour ne citer que les plus intéressants, méritent d'être lus, nous dirions volontiers d'être appris par cœur, par les braves et joyeux gamins de nos bataillons scolaires. Ils apportent un enseignement précieux, et à notre avis sont plus utiles que les appels du pied gauche, trop souvent et trop vainement réitérés ; plus sérieux que les hymnes fanfarons et mal rimés qui se balancent depuis quinze ans aux devantures des libraires.

L'Allemagne est étudiée par un observateur implacable, qui voit juste et qui juge bien. M. Deramey n'a pas voulu faire œuvre de caricaturiste, et nous égayer, sans profit pour l'avenir de notre patrie. Mais il a été gnements et d'aperçus qui n'en sont pas moins précieux pour avoir été réunis à la hâte.

Au surplus, la police de M. de Bismark a facilité la tâche de M. Deramey. Dès sa première promenade au Thiergarten, notre voyageur rencontre un « vieux docteur », plus ou moins payé sur le « fonds des reptiles », qui lui pose diverses questions et qui, trop bavard pour être habile, finit par lui dévoiler certaines dispositions et tendances de l'opinion et du gouvernement allemand.

Il apprend aussi que l'Allemagne redoute surtout la propagande socialiste, dont les principaux intermédiaires sont les ouvriers de la Prusse rhénane, de la Saxe et de la Bavière, si nombreux à Paris, à Lyon et dans le nord-est de la France; qu'une restauration bonapartiste, si jamais elle devenait possible, sourirait à la chancellerie de Berlin; que « la Prusse ne serait pas la dernière à la favoriser et à prévenir, de concert avec le nouveau souverain, toute idée de revanche et de retour offensif ».

Le lendemain, M. Deramey est accosté par un long et raide jeune homme, étudiant ou sous-lieutenant en congé, qui manifeste le désir de causer avec lui. Celui-là parle de la Suisse et de l'Italie, et dit qu'un jour ou l'autre, avec ou contre le roi Humbert, il faudra bien que l'Allemagne mette la main sur Rome, ou du moins impose son influence exclusive au Vatican. Il paraît que M. Busch a déjà préparé un travail sur ce sujet.

Mais à quoi bon indiquer quelques passages pris au hasard? C'est l'ouvrage entier qu'il faut lire; d'un bout à l'autre, il s'inspire des sentiments les plus libéraux et du patriotisme le plus clairvoyant.

G. DE DOMBASLE.

heureux de constater et de dire à tous les hargneux, à tous les malcontents, à tous les pessimistes, que nos ennemis ne sont pas plus satisfaits et pas plus optimistes que nous ; qu'ils ont, plus que nous, des crises financières ; qu'ils craignent autant que nous des crises politiques et sociales ; et enfin que l'Allemagne du Nord, « qui nous a pris cinq milliards en s'embusquant derrière une forêt de malheurs et de sottises, est plus malheureuse que la France ». A la fin de sa brochure, M. Deramey peut écrire, la conscience en repos, son *quod erat demonstrandum*.

En terminant, formulons un souhait : nous espérons que le livre de M. Deramey trouvera sa place dans toutes les bibliothèques scolaires ; les municipalités doivent se montrer impitoyables à l'égard des ecclésiastiques qui cherchent à propager un déplorable fanatisme, à faire oublier aux jeunes Français leurs devoirs, à les jeter dans les bras d'un ridicule mysticisme destructeur de tout sentiment humain ; mais elles doivent aussi, croyons-nous, se garder de faire preuve d'un fanatisme de sens inverse en montrant une haine aveugle aux prêtres libéraux et patriotes, en les empêchant de transmettre, comme les autres citoyens, aux générations nouvelles, leur part d'expérience et leurs bons conseils.

JULES BOISSIÈRE.

Extrait de l'ANTI-PRUSSIEN.

Nous avons déjà parlé du nouvel ouvrage, *Trois Jours à Berlin,* que M. l'abbé Deramey vient de publier sous ce titre, chez l'éditeur Ghio, au Palais-Royal.

Plus d'une fois nous aurons l'occasion de citer quelques passages de ce livre, empreint du plus ardent patriotisme.

M. l'abbé Deramey, toujours pratique, déclare, page 110, dans quel but il a étudié Berlin et reproduit scrupuleusement les discours de deux ou trois interlocuteurs de rencontre.

« Il m'a été prouvé, le 17 août et jours suivants, que l'Allemagne n'est pas heureuse, qu'elle s'inquiète chaque jour un peu plus des succès, des efforts ou des projets de la France. J'ai la conviction que la Prusse, énervée par l'attente, troublée par l'inconnu ou l'incertain, serait capable de se livrer, un jour ou l'autre, à quelque folle équipée. Je tiens pour assuré que sa politique générale se résume en deux interrogations : A quoi songe la France ? Sera-t-elle toujours maîtresse d'elle-même et complètement libre de ses mouvements quand sonnera l'heure du destin ? »

Le lecteur a donc affaire, ici, avec un patriote clairvoyant. Il fera bien de lire ces pages et de se nourrir des réflexions qui accompagnent le récit. Cette seconde brochure est digne de la première, et appelée comme elle à faire le plus gran bien

ALSATICUS.

I

De Paris à Cologne et à Berlin.

Après avoir jeté un coup d'œil rapide sur les villes de Namur et de Liège, salué la Sambre et la Meuse, qui rappellent tant de faits héroïques, on voit surgir, en approchant de Verviers, un massif de hautes collines avec des gorges étroites, des ruisseaux à cascades et des sommets arborescents qui rappellent des cîmes plus élevées et des forêts plus étendues.

Les points de vue et les comparaisons se succèdent vite en chemin de fer. Il va falloir changer de train à Verviers, dire adieu aux gendarmes belges dont l'ourson fait si bien, adieu aussi à la langue de Bruxelles, qui ressemble tant à celle de Paris. Les casques à pointe vous guettent de l'autre côté. Le landjœger prussien est déjà à son poste, ainsi que les officiers et le personnel des chemins de fer allemands. Toutes les voies ferrées n'appartiennent pas encore à l'empire ou à la Prusse, mais cela ne tardera guère. L'armée prussienne ne confie qu'à elle-même la surveillance et la direction de ses gares, de leur matériel, de la traction, des voies et des transports. Nous avons refusé d'imiter la Prusse en ce point. Dieu veuille que rien ne nous en fasse repentir!

Le train court d'abord de Verviers à Aix-la-Chapelle, où l'on vénère toujours les *grandes reliques* de Charlemagne, qui fut un Gallo-Frank et un dompteur des Germains, quoi qu'en disent les docteurs Mommsen et Siebel. Ici point de collines; le pays est vert et plat jusqu'à Düren. Nous longeons seulement des champs de blé, des prairies, des usines. A Düren, de modestes coteaux viennent mourir près de la voie, qui s'incline ensuite avec l'ensemble du terrain, jusqu'aux rives rhénanes. Des forts détachés apparaissent bientôt sur la droite et sur la gauche, commandant ou protégeant le pays découvert. « Les Français, semblent-ils dire, ont possédé ce pays, mais il n'en sera plus ainsi, du moins tant que nous serons là. » L'avenir se charge de la réponse.

Une masse gigantesque de pierres, qui domine de loin les forts et les champs de verdure, annonce une grande ville. C'est le Münster, autrement dit la cathédrale de Cologne, où le train me débarquait bientôt, le 17 avril, par un beau et froid soleil couchant. De la gare, des rues qui s'y rattachent, de partout, on ne voyait que l'immense édifice dont Cologne semble comme écrasée. C'est ainsi qu'à Clermont, dans notre Auvergne, la ville disparaît aux pieds du Dôme, qui surplombe et qui efface tout.

Je laissai ma valise à l'hôtel de l'Europe, où m'avait conduit un commissionnaire manchot. « Monsieur me fait l'effet d'un ecclésiastique. C'est dommage que monsieur n'ait pas assisté, dimanche dernier, au *grand jour* des catholiques de Cologne. Ah! Bismarck n'est pas content. Mais, que voulez-vous? les catholiques sont les catholiques! Monsieur sait-il que nous avons à Cologne au moins vingt-quatre églises catholiques contre trois ou quatre temples protestants? »

J'avais hâte d'être seul et de courir au Münster et au Rhin. Mon hôte m'appelait. « Dans une heure, » lui dis-je, et me voilà, au hasard de mes jambes, dans la vieille cité des rois mages, des écoliers turbulents, des moines, des onze mille vierges, etc. Cologne a élargi ses rues; on y voit aujourd'hui des quartiers splendides, des monuments dignes d'une capitale; mais tout s'abaisse devant la cathédrale, qui vient d'être achevée « en dépit du diable » et derrière laquelle coule le Rhin.

J'en fis le tour deux ou trois fois. L'abside me parut manquer dė longueur et d'achèvement; mais la façade principale et les deux portes latérales défient toute description. C'est grand, colossal, magnifique! Ce Münster n'envie rien à la cathédrale de Strasbourg ni à celle de Paris. La ligne y est pure autant qu'audacieuse, et à partir du sol jusqu'à la pointe des flèches, on dirait qu'une ellipse gigantesque se dessine, inclinant et ramenant sur elle-même, depuis la terre jusqu'aux nues, les contreforts, les tours, le faîte superbe et comme le monument tout entier. Ah! si Cologne doit rester aux Allemands, que Strasbourg au moins nous revienne!

On m'avait aussi vanté, en route, le nouveau pont qui sert de viaduc à la voie ferrée; il me parut fier et hardi. Les statues équestres qui en gardent les extrémités ont aussi haute mine.

Que le Rhin était donc beau, et paisible, ce soir du 17! Comme ses longs bateaux à voiles y rivalisent d'élégance avec ses steamers! De vieilles et fortes murailles, des portes hautes et larges comme des arches triomphales sollicitaient mes yeux et mes pas; quelle forêt de coupoles et de flèches sur la droite et vers le couchant! Mais la nuit était venue. Il fallut quitter le fleuve, se rapprocher de la gare et des hôtels du quartier neuf. Les Français et les Anglais retrouvent, sur chaque maison et boutique, des enseignes engageantes en caractères dits latins; on sent que l'Allemagne du Nord, exclusive et hautaine, ne commence pas encore ici.

Cologne, peuplée aujourd'hui de cent cinquante mille âmes, n'en avait que soixante mille quand elle était simple sous-préfecture du département de la Roër. Mais, soit au temps de Claude et d'Agrippine, alors que les Ubiens oubliaient leur origine germanique au contact des Latins et des Gaulois, soit sous la domination des Francs ou sous le patronage des empereurs, elle regarda souvent vers le pays des Celtes. On y surexcite maintenant, les vieilles haines et des concurrences ridicules; on y contrefait les articles de Paris pour mieux les déprécier... Les peuples n'auront-ils jamais raison d'une diplomatie égoïste et princière pour laquelle rien ne compte, sinon l'écrasement du voisin et l'orgueil du rang?

Mon hôte m'attendait une feuille à la main. Je dus remplir les blancs par égard pour la police. On voulut bien me dispenser toutefois, sur mes observations, d'inscrire les noms des villes que j'allais visiter. Je voyageais sans passeport et l'on se montrait coulant alors sur l'article des papiers. Or, cela se passait le 17 avril, et les gazettes de mai annonçaient bientôt que la police prussienne se hâtait de revenir à ses vieilles habitudes tracassières et méchantes. Ce n'est peut-être qu'un écho du procès Kraszewsky. Pendant ce temps-là, on demeure chez nous obstinément débonnaire. Le Germain accourt en France et y pullule en toute liberté, car il trouve beaucoup mieux sa pâture chez les Welches que dans son Vaterland.

Le soleil me favorisa le 18 comme le 17 avril. Je quittai Cologne à huit heures du matin, et, jusqu'à Elberfeld, j'eus sous les yeux le tableau riant d'une campagne cultivée et peuplée où de jolies maisons alternaient avec des chaumières proprettes. « Ce sont de riches fermiers, demandai-je à un voisin, qui occupent ces logis d'apparence confortable? — Non! ce sont des Junker, me répondit-il d'un air indifférent. » Ces Junker, ou hobereaux dans notre langue, répondent assez à la gentry anglaise, si commune dans les villes de certains comtés. Mon interlocuteur, un négociant probablement, semblait faire peu de cas de la gentry prussienne; il s'entretenait, depuis le départ, avec ses voisins, et je les entendis deux ou trois fois s'écrier en chœur :

« Que le diable emporte Bismarck! Il nous a mis dans une jolie position. » Le mot *faoul* revenait souvent dans l'entretien. Le pays était *faoul*, le commerce *faoul* et tout le reste à l'avenant. Or, *faoul* signifie: gâté, pourri, totalement avarié. Des négociants allemands se plaignaient devant moi de la gloire et des conquêtes de l'Allemagne; ils affirmaient qu'Elberfeld, où nous arrivions, qu'Hombourg, Brême et bien d'autres villes étaient presque ruinées. La force qui prime le droit, la monarchie quasi-absolue, qui viole ou dédaigne les libertés publiques, étaient donc impuissantes pour le bonheur de leur pays. J'aurais voulu voir dans ce même wagon tous les mécontents de Paris et de la France, pour qui la fortune, le développement des affaires, la hausse des effets de Bourse, et tout le reste, y compris la poule au pot, sont la conséquence nécessaire d'une monarchie autoritaire et l'apanage des grands sabres. L'Allemagne du Nord, qui nous a pris 5 milliards en s'embusquant derrière une forêt de malheurs et de sottises, est plus malheureuse que nous. Ce qui est crise chez nous se nomme mal invétéré chez eux. Je m'en étais douté; à présent j'en étais sûr, et je reprenais pour mon compte le refrain de mes voisins: « Que le diable emporte Bismarck avec ses conquêtes et tous ses projets! »

Jusqu'à Elberfeld, et même au-delà, la campagne faisait plaisir à voir. Un détail surtout m'enchantait. Tous les clochers, catholiques ou protestants, étaient surmontés du coq, et je supplie mes lecteurs de ne point sourire. Jusqu'à Dortmund, l'oiseau, emblème des peuples celtiques, perchait en haut et me rappelait le France avec son histoire. Je parlais tout à l'heure des *Ubii, Ubiens,* devenus si aisément Latins et Gaulois, dans la *Colonia Agrippinæ :* ne sait-on pas encore que les villes de Trèves, de Coblentz et de Mayence furent habitées longtemps par des Gaulois, qu'un dialecte celtique s'y parlait couramment, au quatrième et au cinquième siècles de notre ère, et que, de cet espace arrosé par la Meuse, la Moselle et le Rhin, étaient partis un jour quelques-uns de ceux qui furent les Galates, c'est-à-dire les conquérants d'une partie de l'Asie Mineure? Il paraît certain, en effet, que les *Boii* ou *Boïens* séjournèrent au nord de la Bavière actuelle avant de s'en aller, comme le déclare Tacite, tout le long du Danube jusque dans la Bohême (*Boii heim*). Or, ces Boii prirent, certainement, une part active à l'expédition fameuse des Gaulois dans la Grèce et dans l'Asie Mineure vers l'an 280 av. J. C.

A mesure que le coq gaulois et les clochers devenaient plus rares, la contrée revêtait une apparence chétive et mélancolique dont me distrayaient à peine quelques glorieux souvenirs. La Lippe traverse la ville de Hamm, qui m'offrit, ainsi que Dortmund, bien qu'en temps de crise, le spectacle d'une ruche ferrugineuse. La Lippe a donné son nom à un département français dont Münster fut le chef-lieu! Voici bientôt les Enge-Gebirge (montagnes étroites), qui vont à la rencontre des monts de Minden, de chaque côté du Weser. J'avais l'Ems à ma gauche, l'Ems, dont le nom fut donné aussi à deux départements! Si je retrouvais là les champs de bataille ou s'illustrèrent d'Estrées et Richelieu contre Cumberland, je n'oubliais pas davantage nos luttes héroïques sous la République et l'Empire. La fortune, qui nous a fait grise mine, peut nous sourire encore; mais la France, toujours éprise de gloire militaire, semble aussi possédée d'une ambition plus haute et de projets plus humains. Qu'elle se défie seulement de certains étrangers, visiteurs empressés non moins que jaloux et envieux. Il y a des bornes à tout et, en premier lieu, à la générosité et à la confiance indignement trompées.

Il semble que, de Hamm aux bords du Weser et à Minden, le pays ait été autrefois le séjour de l'Océan. Le sable recouvre toute cette partie de la Westphalie, où de hautes collines semblent des dunes, où les pins et les essences maritimes dominent l'ensemble de la végétation. Un mouvement géologique aura fait émerger le terrain dans les temps les plus reculés, et le Weser, qui s'est frayé un chemin à travers les hautes collines mouvantes, fertilise seul, de son limon et de ses eaux, une étroite bordure de prairies et de vergers. Minden et sa banlieue, arrosés par le fleuve, offrent en somme un charmant coup d'œil. Les champs de tabac, aussi bien cultivés que ceux denotre Midi, indiquent une des sources de la prospérité de ce coin de pays. Les jupes rouges des paysannes, si nombreuses dans les champs, me rappelaient nos hardies pêcheuses des plages picardes et flamandes. Puis, tout cela disparaissait bientôt. Le sable, les maigres cultures, les essences rabougries s'emparaient encore une fois du terrain et le tableau ne changeait plus qu'aux approches de Hanovre.

L'aspect de cette ville révèle assez que les princes hanovriens n'ont rien négligé pour l'embellissement de leur capitale. Vue de la gare, la partie sud du Palais-Royal et des édifices qui l'environnent donne une haute idée des instincts artistiques de ces souverains. J'apercevais encore, comme à la fin d'une avenue qui s'élargit en place, le monument élevé à Leibnitz. Le philosophe est debout et tourne à moitié le dos à la Prusse. Il regarde le Nord, un peu vers la mer. On sait, en effet, les relations considérables du grand homme avec Londres et Paris. Leibnitz fut, de tous les penseurs, l'un des plus universels, des plus amoureux de la paix internationale et de l'harmonie en toutes choses. Bossuet ne résista point à ses appels et partagea même l'une ou l'autre de ses nobles et laborieuses espérances. Nous sommes loin, aujourd'hui, de ces philosophes-théologiens et de la hauteur d'idées qui les fit si grands.

Je ne pris point garde à la Leine, une sorte de Sprée qui traverse Hanovre. Le voisinage de la ville était en bon et bel état. C'est toujours une campagne bien tenue qui attire et qui repose les yeux des voyageurs emportés par les dragons de feu, mais ces cultures et ces villages proprets cessèrent trop tôt aux environs de Lehrté. Les bruyères, les pins souffreteux, les bouleaux ankylosés reparurent avec les sables; il était quatre heures à peine et le paysage resta le même jusqu'à Berlin, c'est-à-dire jusqu'à huit heures.

De temps à autre, les stations d'Œbisfeld, de Gardelegen et de Stendal, entourées de quelques champs où la herse et le rouleau avaient achevé leur œuvre, laissent espérer que ces bruyères et ces brandes (brandenburg), d'un aspect lamentable, vont faire place à de gros villages ou à des cultures étendues : vaine attente! La bruyère et les pins rabougris reprennent invariablement leur poste. On a beau se lever dans les voitures pour apercevoir autre chose : cela est à perte de vue. Figurez-vous une grande province, le Brandebourg, et une bonne partie des contrées voisines : Hanovre, Saxe et Poméranie, ravagées par une lèpre végétale qui s'étend sur un fond plat de sable jaune ou blanc, et qui bourgeonne jusqu'à dix ou douze pieds de haut, mais jamais plus. Çà et là, des flaques d'eau probablement salées, car l'Océan a dû inonder ces espaces, comme il le fait encore au Nord-Ouest du Weser. Une sorte de chiendent ou de gazon rigide tapisse, par intervalles, les pieds des bouleaux, se mêle aux touffes des éricas et se rafraîchit aux bords de modestes rigoles, où des hérons semblaient chercher une maigre pitance. De tout petits chevreuils se hasardaient avant la nuit, près de la voie, dans les clairières de l'interminable forêt, et broutaient, sans s'inquiéter de nous, l'herbe rustique et les feuilles basses des bouleaux.

— Voyez donc les jolies bêtes, dis-je étourdiment à un voisin ; ne sont-ce pas des chevreuils ? — Non, monsieur ! ce sont des moutons. Puis, cette leçon donnée, le Prussien tira une énorme bouffée de son cigare, enchanté probablement d'avoir enseigné la vraie faune allemande à un Français ignorant.

J'aurais voulu m'être trompé, car de vrais moutons paissant là, sans berger et sans chien, m'auraient dénoncé le voisinage d'une bergerie, d'une ferme, peut-être même d'un humble village ; mais rien, toujours rien ! Parfois, aux environs des stations principales, on découvrait une charrue tenue par un soldat, deux ou trois chariots conduits aussi par des soldats. Tout cela, en effet, forêts immenses et misérables, fermes ou cabanes improvisées, gares et *restaurations* qui doivent ressembler à celles des steppes moscovites, tout relève, ici, de l'État, ou peu s'en faut, tout est cultivé, desservi, surveillé par l'armée. Nos milliards ont créé ce fonds et cet outillage, confié en dehors de tout contrôle au chef suprême de la horde. Les hommes d'État de ce pays n'ont pas eu la pensée de remettre à des étrangers d'une foi douteuse et d'intérêts divergents un instrument d'attaque et de défense aussi formidable que les chemins de fer et tout ce qui s'y rattache. On leur a fourni les capitaux nécessaires et ils n'ont pas eu, comme nous, besoin de quelques financiers trop puissants. Reste à savoir si, même gêné quant à l'argent, le grand état-major prussien eût voulu dépendre, au cas d'une mobilisation soudaine, d'un conseil supérieur siégeant à Paris ou à Londres.

Puissions-nous, au moins, être libres de toute entrave et à l'abri des incertains et des traîtres au jour du danger!

J'avais lu ou entendu, depuis plus de quinze ans, ce qui s'écrit et se raconte sur les Prussiens, ces vrais héritiers des Wendes et des Vandales... Je n'ai vraiment bien compris que le 18 avril, en face de la lande jaune et noire du Brandebourg, la raison d'être de ce peuple de soldats, celle de son grand quartier-général, qui se nomme Berlin, le caractère exclusivement militaire de tout et de tous dans l'Allemagne du Nord. Ce pays est absolument pauvre, son sol complètement réfractaire. Les habitants ont beau émigrer, il en restera toujours trop, et ce trop s'enrégimente de seize ans à soixante, car il ne peut vivre qu'en faisant ou en préparant la guerre. Vingt années de paix épuisent sa patience et ses dernières ressources. Nation de brigands armés, a-t-on dit, mais de brigands civilisés, dont les villes bâties à l'aide des dépouilles de l'Est, du Sud et de l'Ouest, ne ressemblent guère aux antiques cavernes. Jamais ce peuple ne désarmera. Il ne cessera jamais d'être à l'affût du voisin, de faire naître les plus odieuses querelles et d'en profiter d'autant plus habilement qu'il a moins de scrupules. Toute son histoire est là, et elle s'explique, car il combat pour la vie. C'est la loi fatale, appliquée de tout temps par les plus forts et les moins généreux. Napoléon le pressentait bien lorsqu'après 1806 il essaya de restreindre le royaume de Prusse aux eaux de la Sprée, aux étangs de Postdam et aux dunes de la Poméranie; il eût fallu oser davantage. Subissez, au centre de l'Europe, ce camp des Vandales modernes, plus besogneux encore que leurs ancêtres, et payez-leur une dîme sans cesse grossissante, ou ne leur faites point de trêve, comme la Russie, la Hongrie et les Slaves ne cessent de courir sus aux Ottomans, tant qu'il en demeure un seul en deçà du Bosphore et des Dardanelles. Ou bien, si les combats heureux d'Iéna, d'Auerstædt et de Tremplin devaient se renouveler en faveur des voisins de l'Est ou de l'Ouest, disséminez au loin après leur défaite ces soldats boulimiques, cette population toujours armée par la faim comme les loups. Faites même, si vous ne trouvez rien de mieux, que la mer Baltique et celle du Nord reprennent possession de ces plages et de ces étangs.

Après la station de Stendal, on devine le voisinage d'un grand fleuve, et le train traverse bientôt l'Elbe, aussi large en cet endroit et aussi limoneux que la Gironde à Bordeaux. Bien avant Rathenow les pins, les bouleaux, les bruyères avaient revendiqué leur droit de propriété. La nuit tomba aux approches de Spandau, mais mes yeux habitués au crépuscule ne percevaient encore qu'une basse et perpétuelle forêt sur un fond uni de mousse et de gravier, quand une demi-heure après nous arrivons à Berlin. Les palais illuminés, les feux électriques remplacèrent la lande obscure qui me semblait toucher à la capitale; mais la première course du lendemain au matin, en m'amenant vers la place de Magdebourg, contre l'avenue de Bulow et au-delà, me fournit l'occasion toute simple de me confirmer dans les impressions de la veille et de me prouver que, pour s'agrandir, Berlin empiétait sans cesse sur le même sol plat, recouvert de sa végétation froide et monotone.

La gare principale, celle qui aboutit à la

rue Frédéric, touche presque à l'Hôtel Central, établissement de premier ordre, où je me rendis, ne connaissant rien d'autre ni personne dans l'immense cité. Dès l'abord, tout m'y parut plus français qu'allemand : langage, type, empressement et gaieté de chacun. C'était presque l'aspect et le mouvement de notre Hôtel du Louvre. Un ascenseur me porta à quelques pas de ma chambre, où j'entrais à peine qu'un employé, grave comme un notaire, accouru par les escaliers et respirant avec effort, me pria de vouloir bien remplir, sans retard, la feuille de police qu'il mit sur une table avec l'encrier et la plume. Puis, quand j'eus écrit, il me salua jusqu'à terre et remporta ses ustensiles. Je revenais ainsi à la réalité. Mon hôte de Cologne m'avait laissé faire un tour en ville; à Berlin, on se montrait plus pressé : avertissement sans frais qu'on donne ici aux étrangers tentés de flâner par les rues au-delà du temps nécessaire, quand les papiers font défaut et que certaines commissions pourraient déplaire à la chancellerie impériale.

II

Berlin.

La musique du Wintergarten au milieu de l'hôtel, les bruits du Bahnhof voisin, la reprise matinale du mouvement des rues, rien ne dérangea mon sommeil. Surpris à la fin d'un calme si profond, je descendis avant huit heures et demandai une voiture. On dormait encore dans l'immense hôtel, et par les portes donnant sur Frederich ou Dorothée Strasse je ne comptai que de rares piétons. La berline arriva et je fis la grimace. Ah! le luxe de Berlin doit avoir des envers! On me donnait pourtant deux chevaux et un cocher galonné; mais la caisse de la voiture était à courants d'air, l'intérieur en loques; le cocher lui-même percé aux coudes et ailleurs... Quand nous eûmes dépassé la place de Paris, je liai connaissance — pure métaphore! — avec des pavés mal établis, inégaux, pointus, et je résolus de planter là mon attelage. Le cocher comprit et ne se fâcha point, même il ne demanda qu'un marc, vingt-cinq sous environ, sans pourboire; on peut donc s'enrhumer et se disloquer pour rien dans ce pays.

Il faisait froid le matin du 19 avril; je cherchai donc un endroit abrité et j'avisai bientôt une allée dite de Bellevue, au fond de laquelle verdissait un épais et haut massif: c'était le parc ou Thiergarten, dans lequel j'entrai, sans m'en douter. Le Thiergarten commence à une extrémité de *Sous les tilleuls* (*Unter den Linden*) et se termine au Polytechnikon, non loin de Charlottenburg. Il est beaucoup plus long que large, mais admirablement dessiné et entretenu. Les eaux y abondent: petits lacs, réservoirs, ruisseaux paresseux, îles et rochers...On y trouve de tout un peu. C'est moins beau que notre bois de Boulogne ou de Vincennes, mais c'est au cœur de la cité. La Sprée limite et arrose la partie nord du Thiergarten. Un canal qui tient à la Sprée et qui en sort au village de Lietzow, à l'Ouest, pour y rentrer non loin de

Treptow, à l'Est, donne ses eaux à la partie Sud du parc et enserre la moitié de la ville entre lui et la Sprée, sur une étendue de 6 à 7 kilomètres. On a peine à croire que les électeurs et rois de Prusse aient entrepris de telles dépenses sans compter sur les voisins et les hasards de la destinée.

Les rues m'avaient semblé désertes vers huit heures. La population ouvrière et industrielle ne réside évidemment pas de ce côté. Songez que Berlin à douze cent mille habitants, à peu près la population de Paris, vers l'année 1848. Il ne paraissait donc pas extraordinaire de rencontrer dans le parc des gens à pied et à cheval, vers neuf heures du matin, des officiers, une foule d'ordonnances, cinq ou six beaux équipages. En pareil cas, on songe involontairement à nos Champs-Elysées, bien que toute comparaison soit impossible. Mais le Thiergarten a ses avantages : il est à la portée de la ville entière ; en jouit qui veut, sans fatigue notable pour les jambes, sans dommage pour le porte-monnaie. On y arrive de tous côtés, et par l'allée Sous les Tilleuls il va du vieux château jusqu'à Charlottenbourg. Un vieil officier cassé et presqu'imberbe vint, lui aussi, avec son cheval, faire deux ou trois tours de manège non loin de la *Sieges Allée* (allée de la Victoire). Presqu'aussitôt, officiers, ordonnances et cochers donnèrent les signes du plus grand respect. « C'est le général de Moltke, me dit un passant ; il vient souvent ici le matin, mais il me paraît plus vieux que d'habitude. » Ce jour-là même, en effet, les feuilles de Berlin annonçaient que l'illustre maréchal avait renoncé à ses travaux pénibles sur les campagnes de Frédéric II, et qu'au lieu de s'en aller chevaucher bien loin au Sud, vers les montagnes des Géants, il se résignait à prendre ses quartiers d'invalide dans son château de Kreisau, en pleine Silésie. Il n'y sera pas seul, soyez-en assuré ; les souvenirs de la patrie danoise et les tristesses, sinon les remords, lui tiendront compagnie.

Des statues nombreuses, entourées de parterres, animent le Thiergarten et attirent les curieux, étrangers ou natifs. Les monuments élevés à la reine Louise, au frère de l'empereur, à Gœthe, et certains groupes d'animaux fixèrent mes regards. Le piédestal cylindrique est de mode à Berlin, on le retrouve en tous lieux. Je ne connaissais à Paris que ceux des places de la République et de Clichy, avec leurs cortèges de statues assises et de bas-reliefs. Ce support semble prêter, mieux que tout autre, au développement des souvenirs historiques et au mouvement des figures qui doivent accompagner et vivifier le personnage principal. Je tâchais d'oublier ainsi, en pleine capitale prussienne, les hommes et les faits de l'histoire contemporaine pour m'attacher aux effets d'une belle ligne ou d'une courbe savante.

En quittant le manège où le vieux Moltke venait faire ses derniers exercices, j'avisai, vers le Nord, une colonne surmontée d'une victoire ailée. Le monument est neuf et consacré aux armées victorieuses de l'Allemagne. Les guerriers portent des couronnes de laurier ou de chêne. Sur chaque face du monument, le roi ou l'empereur Guillaume. On n'y reconnaît pas aussi vite Moltke ou Bismarck, encore moins *unser Fritz*. De face, de trois quarts, de profil, à pied et à cheval, casqué, couronné ou nu-tête, mais toujours botté et chargé de branches de chêne, Guillaume, encore Guillaume, toujours Guillaume, on en a mis partout. C'est un ancien beau, que ce monarque, et qui a plus d'un trait de ressemblance avec le Roi-Soleil.

Parmi les figures de l'entourage, on voit des évêques, des moines, des bonnes sœurs et des diaconesses, des rabbins et des pasteurs. S'il eût été son propre neveu, c'est-à-dire le tsar de toutes les Russies, il eût, à coup sûr, fait représenter aussi des imans, des ulémas et des muftis.

Un des bas-reliefs consacrés aux *hordes* victorieuses (le terme Heerde n'y prête-t-il pas ?) représente le roi Guillaume à cheval escorté de deux ou trois cavaliers, parents ou feudataires, et assistant, mais de loin, à l'escalade d'une forteresse française. Les soldats prussiens se hissent sur les pierres de la brèche ; un hauptmann quelconque semble crier : « Rendez-vous ! » et un colonel français lui montre à la fois la pointe de son sabre et les canons d'un revolver. Derrière le colonel, les soldats français paraissent s'enfuir épouvantés !!! Il y avait du monde à regarder le monument de la *Victoire ailée* et je retins mes exclamations. On sait, en effet, que pas une place, pas une forteresse, ne fut prise de vive force par les Prussiens. Le général Krupp démolissait de loin les murailles, et l'assaut devenait ainsi superflu pour les soldats que Guillaume contemplait de loin. Sur un autre de ces tableaux en bronze on voyait l'entrée du roi et des princes dans une ville ouverte.

Nos vainqueurs pliaient presque sous les feuilles de laurier et de chêne. Deux soldats français désarmés, la pipe entre les dents et les mains dans les poches, regardaient les guerriers allemands d'un air goguenard. Les peintres et les sculpteurs de la cour allemande représentent volontiers nos soldats et nos ouvriers dans cette attitude. Les officiers et les soldats prussiens fourrent plutôt leurs mains dans les manches de leurs pardessus. Cela nous semblerait bourgeois et presque ecclésiastique; mais il est à croire que le révérend Stœker, chapelain du roi, aumônier de la cour et censeur universel, n'aura pas désapprouvé cette façon de monter la garde ou de fumer son cigare.

J'allai ainsi jusqu'à la Sprée, presqu'en face le palais de l'Exposition, puis j'inclinai à droite vers un portique élevé qui sépare « Unter den Linden » du « Thiergarten », et dont les deux faces regardent l'Est et l'Ouest. En allant à l'Est, je me trouvai d'abord sur la place de Paris puis de nouveau dans l'avenue » Sous les Tilleuls ». Disons, puisque nous y voilà revenus, que cette fameuse promenade est assez piètre, quant aux arbres, mais fort embellie par la double rangée de maisons qui commence à la place de Paris pour ne finir que près d'une île de la Sprée, à côté du vieux château royal. Cette île ferait songer de loin à notre cité, si la Sprée et les édifices riverains avaient quelque rapport avec la Seine et les constructions merveilleuses que le fleuve entoure à cet endroit de Paris.

Il était dix heures à peine et je marchais toujours au hasard, remettant à une autre fois la recherche d'un restaurateur. Les plus belles rues de Berlin traversent presque toutes *Sous les Tilleuls ;* je jetai donc un coup d'œil sur Charlotte-Strasse, Wilhelm-Strasse, Frederich-Strasse et deux ou trois autres dont les noms me fuient. J'ai pu saisir, mais comme à la volée, l'ensemble de la capitale prussienne dans sa partie la plus connue.

Par moments, je croyais être dans l'une de nos grandes villes. Une foule d'enseignes et d'inscriptions en français, les façades des magasins et des maisons les plus élégantes, le costume des gens et le type général des Allemands du Nord contribuaient à l'illusion. Beaucoup de visages bruns et de cheveux noirs ; ce n'est déjà plus le rouge ou le jaune ardent du Saxon, du Westphalien et du Suisse·

Allemand. Et puis, j'imaginais sans peine qu'il y avait là une population cosmopolite d'israélites, de banians et de commis-voyageurs, établis ou passagers, qu'on retrouve chaque jour à Paris, du boulevard du Temple à la Madeleine, dans le voisinage de la Bourse et du Palais-Royal.

Le désir d'exhiber son cosmopolitisme, même en linguistique, est devenu à Berlin une manie amusante pour nous autres Français. C'est ainsi que, dans une belle rue du centre, on lit au-dessus d'un premier étage, en lettres dorées longues d'un demi-mètre, cette annonce incorrecte et concise : *Chambres* GARNIS; un peu plus loin, tout en haut des portes d'un vaste établissement, cette autre enseigne où se disputent l'économie et le germanisme : *Gros et* EN *détail.* Une masse de rez-de-chaussée sont à louer présentement à Berlin. Je ne m'en doutais guère dès l'abord, car je lisais : *Parterre* à louer avec écuries, et je cherchais le parterre ou jardin, sans me douter que le terme avait changé de signification en franchissant le Rhin et l'Elbe. Les Prussiens vont vite en tout, et, malgré leur correction extérieure, négligent une foule de petites choses, comme le préteur antique Ils ont habité mon presbytère plusieurs mois, et Dieu sait les prodigieux pataquès qu'il me fut donné d'entendre! Mais ces gens-là ne doutent de rien. Ils maltraitent notre langue comme le reste, et nous offrent par dessus le marché des leçons d'humanité, de morale et de belles manières.

J'arrivai donc, en continuant mes études de touriste, près du palais où résident maintenant Guillaume et Augusta. Un drapeau flottait dessus. C'est le seul que je vis durant mes promenades, et pourtant une forêt de mâts surmonte les toits de la ville. Deux soldats d'infanterie montaient la garde, immobiles, en haut des degrés, de chaque côté de la porte principale. Il faisait froid, et les deux fantassins, fusils sous le bras, comme on ferait d'une bèche ou d'un parapluie, enfonçaient tout bonnement les mains dans les manches de leurs larges capotes. C'était d'un sans gêne peu militaire, mais convenait ainsi, j'imagine, à l'empereur et à son aversion pour les façons françaises.

A côté du palais, et faisant corps avec lui, se trouve la bibliothèque. En haut de l'édifice, un grand livre ouvert, bible ou encyclopédie, et sur ce livre une épée couchée que surmonte un diadème. L'exergue en manière de banderolle vous donne à lire : « *Nutrimentum spiritus* », singulier aliment des âmes et d'une digestion facile que ce volume sur lequel s'appuient le diadème et le glaive : deux lourdes choses ! La statue de Frédéric II, fort belle et très-vivante, située en face du palais, guigne le tout d'un air narquois et semble me dire : « Ne prenez point la peine d'aller sur votre gauche. » Attiré par sa belle humeur, je fis le tour du roi philosophe et l'admirai sans scrupule, lui, le cheval et les généraux représentés sur le piédestal.

La Prusse officielle est maintenant piétiste ; elle était voltairienne alors ; ce qui ne l'empêchait pas, comme aujourd'hui, de chercher querelle à tout propos, et de s'arrondir du bien d'autrui, comme si la philosophie et la religion demeuraient ici étrangères à la justice. Dans ce pays du droit nouveau, le *système territorial*, c'est-à-dire la volonté et l'intérêt du roi, mènent tambour battant les principes et les hommes. Des sophistes du siècle passé ont applaudi à l'esprit et aux brigandages de Frédéric ; de graves pasteurs d'aujourd'hui appliquent aux hauts faits de ses successeurs une casuistique spéciale qui n'a rien à voir avec la simple et véritable honnêteté. *È sempre benè.*

Mais gardons-nous de perdre le temps à rêvasser, surtout en voyage! Un clou doit chasser l'autre. Le dôme de l'église dédiée à sainte Hedwige m'attire un peu plus sur la gauche. J'y vois de belles sculptures et reconnais qu'en somme le monument est une réduction pure et simple du Panthéon d'Agrippa. Le cardinal Quérini a dépensé là beaucoup d'argent. On lit : « *Quirinus* » dans l'inscription, et ce nom archaïque vous transporte aussitôt chez les vieux Sabins, qui n'ont que faire en ce lieu. Voici, à droite, car j'ai toujours à dos l'île formée par la Sprée, l'arsenal, dont j'admire les frises; le Muséum, avec des fresques splendides; l'Université, d'où sortent une foule de jeunes gens. Les frères Humboldt, assis et gigantesques, les Schlegel semblent monter la faction de chaque côté. La Bourse, qui est au-delà, me parut dans un lointain brumeux. Irai-je encore? Oui et non! Puis, tout à coup, un mouvement subit des promeneurs et des affairés arrête le cours de mes divagations.

— Qu'y a-t-il donc? fis-je à un voisin d'occasion.

— Regardez, seulement.

Une voiture était arrivée en face du palais sur lequel flottait le drapeau. Les deux soldats de garde présentaient les armes. Je vis un homme gravir les degrés, puis entrer là comme chez lui. Le personnage me parut légèrement voûté, appuyant fortement à terre le talon de ses bottes. Son bras gauche serrait une sorte de serviette volumineuse.

— Quel est cet homme? demandai-je encore.

— Le comte de Bismarck, probablement.

C'est, en effet, de dix à onze heures que le prince-chancelier se rend au Palais, quand il habite Berlin.

J'avais repris ma marche, dans la direction de l'Est, vers un peuple de sculptures semées au milieu de squares et de parterres d'un goût tout parisien. Les statues de Blücher et de Scharnehorst m'arrêtèrent un instant, puis un autre groupe d'une victoire ou d'un ange portant sur l'épaule gauche un jeune soldat mourant. C'était évidemment l'idée première de notre *Gloria victis* du sculpteur Mercié. J'atteignis enfin le petit bras de la Sprée et regardai de plus près l'ancien château royal.

Les Allemands du Nord sont tellement à genoux devant leurs princes que les images trop nombreuses des rois et celles des princes semblent y étouffer les statues dédiées à leurs grands hommes. Une inscription fastueuse et ridicule me fit toucher au doigt ce caractère de vassalité féodale. « Schlossfreiheitstrasse ! » Que signifie cet accouplage? Rue de la liberté du château!! C'est-à-dire que le vieux château n'est plus habité par les Hohenzollern ; que le public y passe librement aujourd'hui au lieu d'en faire le tour, et que les Berlinois, ravis de cet acte de condescendance royale, en ont consacré le souvenir par une plaque attendrissante qui se répète tout le long de la rue. Les bourgeois de ce pays se flattent de garder la notion de respect et de majesté beaucoup mieux que nous autres, misérables Welches. Bah! « qui vivra verra! » c'était l'expression favorite des officiers allemands au début de la campagne sous les murs de Paris, alors que l'incertitude régnait encore. Qui vivra verra! car un vent mauvais peut souffler sur vos lauriers et sur vos bannières, gens du Brandebourg! Prenez-garde seulement que vos airs respectueux et vos échines courbées ne puissent endurer les heures cruelles et toujours si longues d'une fortune adverse!

Le patriotisme et la philosophie sont deux

belles choses, mais l'appétit n'est point à dédaigner. Midi approchait d'ailleurs ; aussi revins-je de l'Est à l'Ouest, toujours « Unter den Linden », cherchant une enseigne hospitalière. Rue de l'Opéra, à droite, hôtel de Rome et de l'Empereur..... mais cela regorge de nababs américains; allons plus loin. Bon! je me retrouve rue Frédéric, devant l'étalage connu d'une marchande de journaux. La *République française* se balançait au vent, non loin du *Figaro*, des *Débats* et du *Temps*. Il y avait encore deux ou trois petites feuilles égrillardes des boulevards : on est orthodoxe et polisson à Berlin comme ailleurs. Je pris la *République française* faute de mieux et remontai Frédérich-Strasse jusqu'à cette enseigne consolante : *Oblitz*, *Restauration*, premier étage ou Treppe. Je montai et n'eus point à m'en repentir, puisqu'en sus d'un bon repas à prix modique, le hasard ou la Providence me gratifia d'un causeur merveilleux qu'à cette heure encore, et à mon point de vue personnel, je mets bien au-dessus de MM. Moltke et Bismarck.

La salle à manger est au premier étage. Trois gravures, représentant Guillaume, Kronprinz et un Frédéric-Thomas ou Charles quelconque, tapissent le mur, éclairé par les fenêtres d'en face. Entre chacune, des sentences admirables sur la sobriété, la tempérance, le prix du temps, la crainte de Dieu, distribués en plusieurs tableaux et faisant face aux sérénissimes portraits. Je me trouvais, évidemment, dans un établissement royaliste et piétiste *di primo cartello,* et cela était certain, malgré l'apparence modeste de l'ensemble. Les garçons en habit noir, le menu du jour allemand et français, le silence, la propreté et l'activité rivalisaient au mieux. Après une longue course, alors que le corps exige un repos confortable et que la tête a besoin de silence pour rassembler un tas de notions et d'aperçus, c'était parfait. La bière bavaroise servie chez Oblitz est la meilleure des boissons. Comment se fait-il que rien de pareil ne se retrouve à Paris et à Lyon?

Un vieux monsieur, mine de docteur ou de professeur en voyage, arriva comme j'allais quitter la table, et, sans façon, se plaça devant moi en demandant un bock. J'examinai mon homme en dessous, mais il abrégea mon examen.

— Vous m'avez l'air d'un étranger? me

dit-il sans préambule; si je ne m'abuse, vous êtes Français et ecclésiastique.

— Rien de plus vrai, répondis-je.

— Quant à moi, je suis Prussien, mais j'habite ordinairement les environs de Zürich. J'aime à parler français, et nous causerons, si vous le permettez.

III

Le vieux docteur.

Que le vieux monsieur fût seulement un bavard et un curieux ou quelque chose de plus dangereux, je me promis de faire attention, et lui dis qu'ayant couru longuement jusqu'à midi, j'étais enchanté de me reposer dans une conversation qui promettait d'être intéressante.

— Vous avez là une gazette; ah! c'est la *République française!* Serait-ce votre journal habituel ?

— Pas précisément, mais le choix est restreint chez vos vendeurs de journaux; j'ai acheté cette feuille parce qu'elle répond mieux que les *Débats* et le *Figaro* à mes idées particulières.

— Seriez-vous donc républicain en même temps qu'ecclésiastique?

— Pourquoi non? Puisque la France est en république et que ce régime a tout l'air de vouloir durer, pourquoi ne s'arrangerait-on pas à l'intérieur, comme *à l'extérieur*, du régime accepté par la nation ?

— Oh! ne prenez pas le change : ce n'est pas votre République qui inquiètera jamais l'Allemagne. Tant que la France sera modeste et dépourvue de toute haute personnalité; tant que sa politique coloniale l'entraînera, de l'Afrique vers les Indes et l'Extrême-Orient, nous dormirons ici fort tranquilles. Une chose paraît surtout dangereuse à nos princes et au grand-chancelier, c'est le radicalisme et la question sociale. Si Paris, foyer principal des idées démocratiques et révolutionnaires, continue à faire la sourde oreille aux excitations des rêveurs et des anarchistes, si vos grandes villes imitent la prudence de Paris, nous n'avons aucun motif de souhaiter que votre gouvernement républicain disparaisse pour céder la place à l'inconnu.

Mon vieux docteur était lancé. Je résolus de ne pas l'interrompre et de souligner seulement mes réserves par quelques hochements, au cas où ses assertions me sembleraient passionnées, inexactes ou qu'il voudrait me donner le change.

— Ah ! par exemple, continua-t-il, l'Allemagne s'inquiète déjà de vos élections générales de l'année prochaine, dans la crainte que le radicalisme social n'y montre le bout de l'oreille. Les municipales, celles du 4 mai, ne la préoccupent que faiblement. On sait, en effet, que le verdict des électeurs diffère souvent, quand il va des choses de la commune à celles de la vie politique nationale. Nous tiendrons compte nécessairement de la marche du suffrage vers le radicalisme, si cette marche se manifeste bientôt. Nous avons besoin que vos élections politiques soient très-modérées, presque conservatrices en 1885, et vos signes de tête ont beau me donner à entendre que la nation, dans un an, ira peut-être bien, dans les villes, de la gauche modérée à la gauche radicale, je refuse de vous croire, car l'intérêt de l'Empire exige le contraire, et nous ferons en sorte que cet intérêt prévale.

Un double danger menacera toujours l'Allemagne, au cas où vos Chambres deviendraient trop rouges : je veux dire au cas où la propagande socialiste et démocratique, aidée par le futur Parlement, prendrait un nouvel essor. Les princes allemands, pour ne parler que des nôtres, ont bien assez déjà de votre République prétendue modérée. Dieu sait à quelles précautions il leur faut recourir pour défendre leurs Etats contre l'invasion des idées françaises, radicales ou simplement libérales! Quatre de vos grands journaux, le *Figaro*, le *Temps*, les *Débats* et la *République française* sont à peu près les seuls que nous lisions dans les villes de la Confédération du Nord; jugez un peu s'il nous fallait recevoir les autres! Et je parle ici, surtout, des organes républicains plus avancés ou plus violents. Nos ouvriers, si nombreux à Paris, à Lyon et dans tout le Nord-Est, qui vous donnent tant d'inquiétudes, n'en causent pas moins au gouvernement de l'Empire. La Prusse rhénane, une partie de la Saxe et de la Bavière sont infestées de vos idées, grâce aux allées et venues des ouvriers allemands. Que serait-ce donc si un essor nouveau, à la suite de vos élections de l'année prochaine, était donné aux aspirations socialistes et à leurs effets contagieux?

Le second danger viendrait d'un mouvement agressif excité contre nous par vos radicaux, devenus hommes d'Etat et ministres dirigeants. Laissez-moi continuer, je vous prie. Je sais comme vous, en effet, que les réformes intérieures doivent seules, en principe, attirer l'attention d'un gouvernement républicain et radical, et que les hommes de votre extrême-gauche ne songent nullement à nous faire la guerre. Mais écoutez bien ceci : lorsque les radicaux auront passé quelques mois au pouvoir, si parmi eux se révèlent deux ou trois hommes vraiment supérieurs, ils sentiront, comme on l'a toujours compris chez les autres et chez vous, depuis la Législative jusqu'au Consulat et à l'Empire, que la guerre étrangère est souvent une nécessité, et que rien ne se peut faire ou créer à l'intérieur, si on ne laisse écouler, vers l'Est ou vers le Sud, une partie de la lave incandescente qui, faute d'issue, consumerait tout, hommes et choses.

Voilà pourquoi l'Allemagne espère que la République sera aussi sage et modérée en 1885 qu'aujourd'hui, et que vos expéditions lointaines, décorées du nom de politique coloniale, satisferont vos instincts batailleurs et les projets de quelques financiers. A l'heure qu'il est, vous avez deux ou trois hommes capables à la tête des affaires, mais le premier d'entre eux ne semble pas fait pour nous donner le moindre souci. Mes amis et moi n'avons jamais surfait Léon Gambetta ; nous reconnaissons pourtant que son passé l'obligeait ; nous savons que de jeunes généraux et bien des colonels avaient confiance en lui, qu'une partie de votre armée pensait de même. Sa mort nous a fait vraiment plaisir. Allez ! il est bien mort et personne ne l'a remplacé !

J'ai nommé, en passant, votre politique coloniale dont s'éprennent une foule de bourgeois. Prenez garde ! Albion n'aura pas toujours le Mahdi sur les bras et la dynamite sous ses portes. N'a-t-on jamais supposé en France qu'un jour l'accord se ferait entre l'Allemagne et l'Angleterre ? Ne craignez-vous pas, pour me servir d'un de vos proverbes, de travailler, en ce moment, pour le roi de Prusse ?

On a fait grand bruit, dans vos gazettes, de l'acquiescement donné par notre Bismarck à vos projets de conquêtes sur la Tunisie et le Tong-King ? On assure même que Jules Ferry y croit, comme autrefois votre excellent Barthélemy Saint-Hilaire croyait à la nécessité d'une alliance offensive et défensive avec l'Allemagne du Nord.

— Admettez seulement, cher monsieur, qu'on a fait semblant d'y croire.

— C'est possible, en effet, mais retenez bien ceci : notre Bismarck comptait sur l'Italie quand il a paru lâcher la bride à Ferry du côté de la Tunisie. L'Italie s'est montrée si piètre dans la circonstance que nous l'avons plantée là, et qu'en haut lieu on ne compte plus sur elle que pour le cas d'une guerre générale. Je vous dirai même que ce fut alors, et non auparavant, que le voyage du *Kronprinz* fut décidé, ainsi que sa double visite au Quirinal et au Vatican. Vous devez savoir à quoi s'est engagé notre Fritz, surtout envers le pape. *Nous devons et nous voulons avoir Rome sous la main, en cas de révolution ou de guerre.* Les Italiens crieront; bah! on les laissera crier; ils en faisaient autant sous Barberousse et les autres. Quant à l'Espagne, elle est trop loin; Fritz y est allé, pourtant, à cause de... vous savez... ces stupides sifflets? Oh! cette sotte musique a coûté plus cher à l'Empire qu'à l'Espagne. Je conclus : Bismarck est si favorable à votre extension coloniale que vous en avez trouvé la preuve dans les embrasures de Bac-Ninh, comme vous la trouveriez encore dans les écoles de torpilleurs de Stettin et de Kiel, à l'usage des Chinois, sous la conduite et les leçons de nos meilleurs ingénieurs et artificiers.

Mais pinçons une autre guitare et tournons la feuille.

Notre grand-chancelier serait désolé, savez-vous? que votre république succombât sous les intrigues des orléanistes. On n'aime pas, chez nous, les princes d'Orléans. Pourquoi? je ne saurais trop le dire; mais en dépit du sang allemand qui coule dans les veines du comte de Paris, nous le tenons pour moins qu'un Welche; le comte et ses oncles ne savent pas monter à cheval quand il le faut. L'attitude sournoise et perfide du duc d'Aumale lors du procès fait au maréchal Bazaine a indisposé toute l'Allemagne militaire; car votre Aumale, en flétrissant le maréchal, a voulu par là même flétrir nos lauriers, et il l'a fait bassement, comme un pékin et non comme un soldat. Songez, monsieur, qu'avant tout la Prusse est une nation militaire, et que, pour elle, Bazaine a capitulé alors seulement qu'il ne pouvait plus se défendre. Si le comte de Paris, renonçant aux conseils de sa famille, chevauchait autrement qu'en peinture et montrait un jour de la crânerie, la Prusse se résignerait probablement, en attendant l'avenir; mais cela ne sera pas; vos d'Orléans ne sont que les premiers des bourgeois. S'ils suppriment la République, ce sera dans un guet-apens, et, dans ce cas, la République se relèvera pour leur rendre la vie dure, ainsi qu'à leurs amis. La Prusse répugne à tout évènement du genre juste-milieu; elle ne croit pas à l'avenir du comte; elle ferait au besoin des vœux contre lui. »

Le vieil et intrépide causeur se pencha vers moi et baissant le ton : « Ce serait autre chose si un prince énergique de la famille de Napoléon se posait en prétendant sérieux. Les napoléonides, vainqueurs ou vaincus, ont toujours échauffé l'imagination allemande; tout le monde dans cette famille a montré de la poigne et n'a jamais reculé devant rien. Cela nous plaît. La Prusse, quoi qu'on en dise, n'a point de haine contre ces gens-là, et la preuve en est dans les bons traitements dont elle a usé envers Napoléon III, après le désastre de Sedan. Nous pensions et nous souhaitions alors que ce prince pût être restauré. Bazaine comprenait tout à fait comme nous l'intérêt de la France et de l'Allemagne. Ce fut une calamité que la France se levât contre nous, républicaine et fiévreuse, à la voix ardente de quelques tribuns. Nous avons fait plus tard des vœux pour le prince impérial, jusqu'à sa mort prématurée chez les Zoulous. Aujourd'hui encore, si quelque chance de restauration apparaissait de ce côté, soit avec un Victor, un Louis ou quelqu'autre, la Prusse ne serait pas la dernière à la favoriser et à prévenir, de concert avec lui, toute idée de revanche et de retour offensif.

Voyons, monsieur l'abbé, ne faites pas l'étonné tant que cela, et puisque le mot de revanche est lâché, qu'en pensez-vous? S'en occupe-t-on à Metz ou à Paris? Vous me faites signe que vous n'en savez rien et je vous comprends, c'est de la prudence. Savez-vous que les paysans lorrains et alsaciens, gens de ferme bon sens, sont déjà en partie acquis à la politique et à la patrie allemandes? Ils ont vu vos corps d'armée si inférieurs aux nôtres dans le mois d'août de l'année 1870! Et puis vous avez tracassé les curés à l'occasion des lois scolaires. On le sait dans l'Alsace-Lorraine, et nos curés alsaciens n'en sont pas à faire, depuis hier seulement, la différence entre vos fonctionnaires anticléricaux et l'administration si bienveillante, si respectueuse de nos présidents de cercles et du Statthalter lui-même. »

Le docteur avait atteint les limites de ma patience.

— Il y a, monsieur, en France bien des curés patriotes qui n'en veulent à personne pour des difficultés passagères, et qui condamnent hautement les défaillances de ces curés alsaciens, si pourtant vous n'exagérez en rien des faits qu'il faudrait contrôler.

— Après tout, continua l'enragé Prussien, vous n'êtes pas tenu de me croire sur parole; mais il me plaît de vous instruire et de vous renseigner, puisque vous venez en Allemagne, du moins vous en avez l'air, pour la première fois et que votre langage est celui d'un libéral. Vous ne voudriez pas d'ailleurs, si j'en juge par vos habitudes et votre caractère d'ecclésiastique, voyager parmi nous en Français trop zélé. Ayez donc confiance en moi, je vous prie. Je ne suis qu'un vieux savant, mais M. de Bismarck me connaît et me veut du bien. Tenez! lisez plutôt ceci.

Et il me mit sous les yeux un billet écrit en larges caractères, signé Wilhelm, nom du fils aîné de Bismarck. C'était une invitation à dîner pour le soir de ce jour.

Mon interlocuteur était peut-être un faux bonhomme qui se moquait. Je gardai pour moi cette pensée et résolus de persévérer dans mon attitude.

— Merci, mille fois, répondis-je, de la confiance que vous me témoignez et des avis si intéressants que vous me prodiguez. Je n'oublierai rien, je vous le jure. Puissé-je vous rencontrer encore avant mon départ et compléter ainsi mes observations ! »

Le docteur s'était levé, je l'imitai et nous sortîmes en nous disant au revoir. Il s'en alla vers la gare centrale et moi je tirai de nouveau vers *Unter den Linden* et la place de Paris.

IV

Un nouveau tour en ville.

Un fait extérieur me frappa alors, qui m'avait échappé la veille et le matin de ce jour. Toutes les maisons des rues principales, les anciennes presque autant que les nouvelles, étaient à encorbellement. Les surfaces plates et prolongées n'existent plus, comme dans nos immenses maisons de Paris et de Lyon. Ces saillies faisaient le meilleur effet. Quelques-unes servaient probablement aux escaliers de dégagement et les autres de balcons intérieurs, car je voyais des femmes travailler ou lire derrière d'étroites et hautes fenêtres. Assises ainsi en avant de la ligne de façade elles devaient jouir du mouvement et de la perspective d'un bout à l'autre de la rue ou de la promenade, d'autant mieux que les encorbellements sont tous largement espacés.

Les enfants et les adolescents qui s'en allaient de chez eux à l'école, au gymnase, ou qui en revenaient, m'avaient tout l'air de petits Français par leur mine éveillée, leurs allures libres et gracieuses. Les garçons portaient des bottes ou des demi-bottes, même les tout petits. Ce doit être la chaussure nationale.

Je trouvais aux jeunes filles quelque chose de décidé, une désinvolture presqu'américaine et, dans le regard, une vivacité voilée, comme chez les jeunes Anglaises. La Suisse allemande et la Bavière n'offrent guère ce type, qui tient du slave et de l'anglo-saxon. J'eus beau regarder curieusement les mille visages mâles qui s'offrirent à moi dans les rues, sur presque tous, je constatai une parenté d'expression et de lignes avec les Français du Nord et de l'Est, mais rien de particulier. Était-ce pour cela ou pour des raisons purement politiques que Napoléon disait à la veille de la campagne d'Iéna : « La Prusse et la France étaient faites pour s'entendre, mais l'orgueil des princes a détruit l'œuvre de la nature ! »

Je n'ai point remarqué à Berlin l'encombrement malsain des trottoirs, dont on se plaint avec raison dans certains quartiers de Paris, quand vient le soir, et qui est à l'état de plaie chronique dans toute l'étendue de Londres et des grandes villes de l'Angleterre. Quelques femmes, soupçonnant à mon costume sévère qui j'étais, me saluèrent en souriant d'un: *Herr Pfarrer*! On ne s'arrête pas là, à Paris! Du reste, la ville de Berlin est immense, son million d'habitants y vit donc très au large. Moins entassée qu'à Paris et à Londres, sa population garde une meilleure tenue. Sur ce chapitre, évidemment, je rencontrerai plus d'un contradicteur.

Ce qui frappe les yeux des étrangers d'une façon désagréable, — les Prussiens ne me comprendront pas, — c'est la multitude d'officiers qui circulent en tous lieux. Il faisait froid alors et ces messieurs disparaissaient sous leurs longues capotes d'où sortaient à peine des bottes, une garde d'épée et une prodigieuse casquette, assurée des plus beaux succès à nos barrières et ailleurs : une véritable casquette à trois ponts ! On se demande où diantre le goût militaire va se nicher, et quels services peut bien rendre cette singulière coiffure ainsi exagérée, soit en paix, soit en guerre. Il est vrai que le casque à pointe la remplace souvent; mais la casquette a figuré aussi dans les combats inattendus; elle devrait donc, rien qu'à ce titre, prendre un air plus sévère et plus simple : voyez, par exemple, les casquettes des officiers dans les marines anglaise et américaine.

Les soldats se montrent peu dans les rues. Des sergents, des vaguemestres, quelques ordonnances, tous affairés, et pas un seul avec l'air de vouloir flâner. Le soldat prussien est évidemment retenu dans ses quartiers et c'est là qu'il passe sa vie. Un ami m'assura que, dans cette existence claustrale, les sergents se conduisaient en véritables pères, dépensant, pour distraire leurs hommes, le petit pécule que l'État leur confie dans ce but; car le paysan poméranien, silésien ou brandebourgeois ne naît pas militaire et l'ennui le mord au cœur dans sa vie de garnison. Mais son sergent le tient ainsi en joie avec des cigares et des bocks : il convient de bien noter cette circonstance. On sait d'ailleurs combien, en dépit de ces sergents si paternels, le spleen fait de victimes dans l'armée allemande.

Ce jour-là, précisément, deux ou trois régiments défilèrent près de moi. Les fantassins n'étaient ni plus grands ni plus forts que les nôtres. Les tambours faisaient le diable sur leurs caisses assujetties à la hauteur du ventre; mais c'était toujours le même air ou plutôt la même phrase; nos batteries ont plus de variété. A la suite des tambours quelques fifres et vingt musiciens à peine. En revanche, les compagnies me semblaient autrement nombreuses que chez nous. Les officiers montaient de petits chevaux qui doivent être du pays et qui ne rappelaient que de loin les chevaux arabes ou anglais.

L'ordre des rues est admirable, et, cependant, peu ou point de refuge dans les endroits dangereux. Mais les sergents-de-ville, à pied ou à cheval, se placent où il faut; la foule suit à droite et à gauche, et les voitures se montrent aussi dociles que les piétons. On m'assura que le peuple berlinois acceptait avec plaisir les moindres prescriptions de la police des rues. On le surveille, on le dirige presque sans en avoir l'air, et chacun paraît content. Un fait certain, c'est qu'à Paris il faut ne compter que sur soi, monter la garde la plus vigilante, et encore ne réussit-on pas toujours à se préserver. A Berlin, je vaguai partout deux ou trois journées, et jamais un cocher ne m'inquiéta ou ne m'adressa le moindre avis. La discipline militaire a donné le ton, chez les Prussiens, aux habitudes civiles. Ces mœurs s'acclimateront difficilement chez nous et nous ne devons pas le regretter.

Les parties de Berlin où se trouvent les rues Wilhelm, Frédéric, Charlotte, Leipzick, Postdam, Kœnigrætz, etc., n'ont rien à envier aux autres capitales; les quartiers qui s'élèvent au Nord comme au Sud — je n'ai bien vu que ceux-là — rivalisent avec nos Champs-Élysées et l'ensemble du parc Monceaux. On bâtit à Berlin avec des briques et l'on recouvre le tout d'une sorte de stuc qui imite la molasse, espèce de pierre verte et tendre très-commune à Berne; cela se fait vite et solidement, car le fer joue un grand rôle dans ce genre de construction. Je voulus voir, au-delà de l'avenue de Bulow, les constructions les plus récentes et j'arpentai les rues Gethinner, Zieten et deux ou trois autres; on arrive ainsi à des terrains vagues à peine délimités et qui se confondent, peu à peu, avec des landes sablonneuses couvertes de la végétation brandebourgeoise. Tout devait être ainsi avant que Berlin n'eût résolu de devenir une grande ville, comme tant d'autres.

C'est la guerre et le commerce qui ont créé cette capitale, qui l'embellissent et l'augmentent à des époques périodiques. Les Allemands du Nord sont les premiers soudards du monde, ils en sont aussi les premiers marchands: cela soit dit sans blesser les juifs, qui font si bon ménage avec eux, en paix comme en guerre. Le sujet teuton prépare une campagne militaire comme une entreprise commerciale. Il s'agit d'empoigner l'argent des autres en risquant du sien le moins possible; il faut donc tout prévoir et combiner, s'entourer de commis taillés sur l'image du patron, incapables de sensibleries ridicules et refusant de servir d'autres divinités que le dieu thaler. Il y avait autrefois, dit-on, dans ce pays, et Gœthe les a chantés, des Dorothée et des Hermann, des âmes sensibles et poétiques. Ce qui nous a été révélé en 1870-71 a détruit la légende. Les Hermann ont fait la guerre en sauvages, sans pitié et sans honneur. Quand ils cherchaient à se distraire de leurs travaux guerriers et mercantiles, rien n'indiquait chez eux le souvenir vivant des

Dorothée et des Gretchen. Un quidam de Germanie me disait à Berne, peu de jours après : « On s'est étonné de nous avoir vus, dans la dernière guerre, si prompts à bombarder, à incendier et à fusiller. Il le fallait pourtant bien. Nous sommes devenus, par nécessité, des tacticiens impitoyables et des fusilleurs sans merci. En 1870, nous étions certains d'avoir un million d'hommes sur pied, tandis que la France n'en comptait pas trois cent mille. Comment voulez-vous alors que notre état-major eût traité en belligérants les partisans, les francs-tireurs, qui, toujours nombreux, eussent ainsi égalisé les chances? Ces gens-là peuvent être des héros pour leurs compatriotes : pour nous, ce sont plus que des ennemis. Leur maintien serait la ruine de nos prévisions scientifiques; aussi nous les collons au mur et nous les terrorisons pour les anéantir. »

Un hôtel intitulé d'Arnim, en s'offrant à mes yeux, me rappela naturellement les longs démêlés de Bismarck avec Arnim, lequel, on ne sait trop pourquoi, avait conquis en France de certaines sympathies. Je me souvins, chemin faisant, de la fameuse lettre à lui adressée par Bismarck, et qui fit tant de bruit en janvier et février 1873. « Je suis affligé, disait le chancelier, de la solitude créée à Paris autour de Votre Excellence, et rien ne fait prévoir le terme de cette épreuve. Le plus fâcheux en cela est l'impuissance qui en résulte pour vous, pour vos secrétaires et vos attachés à nouer des relations avec la société parisienne, *à connaître certains secrets et en faire bénéficier notre diplomatie.* La haine des Français sera vivace, il faut s'y attendre; mais nous serons toujours prêts à châtier *tout acte présomptueux* de cette nation : *Oderint dum metuant!* Quant au déluge d'Allemands qui de nouveau inonde Paris, ce sont les mêmes qu'autrefois et je n'y attache pas une grande importance. Tous ces *Parisiens, Allemands d'origine,* ne se souviennent de leur patrie que lorsque leur caisse est en danger. » C'est complet, on le voit, comme impudence vis-à-vis de chacun.

Les principaux traits de cette lettre me revenaient peu à peu et me prouvaient que Valbert avait eu raison en écrivant, dans la *Revue des Deux-Mondes* : « Bismark se moque de tout le monde, et des Prussiens tous les premiers. »

Le Thiergarten m'avait trop plu, la veille,

pour ne pas m'attirer de nouveau. Le vent soufflait moins pointu parmi les nombreux méandres de l'immense parc. De bons bourgeois se promenaient la canne à la main, devisant des histoires du temps jadis. Presque point d'enfants dans le parc. Le monde enfantin était probablement à l'autre bout de *Unter den Linden*, parmi les parterres ensoleillés qu'arrose le petit bras de la Sprée, et d'où l'on contemple le palais, l'arsenal et le vieux château des rois. Un long et raide jeune homme, étudiant ou sous-lieutenant en congé, passait près de moi et regardait les mêmes statues. Il devinait à mon étude attentive des légendes que j'étais nouveau dans ces lieux.

— Vous n'êtes pas de ce pays, monsieur? Vous arrivez peut-être de la Belgique ou de la France?

Je fis signe que oui.

— Cela se rencontre à merveille, car je viens moi-même de la Suisse vaudoise, et je serais bien aise, si vous y consentez, de faire avec vous un bout de conversation?

— Volontiers!

Et nous nous installons, tous les deux, presqu'en face de la statue de la reine Louise, mère de l'empereur actuel.

J'avais déjà remarqué le goût inné des Allemands pour la conversation, voire pour le bavardage. Cela gêne, parfois, dans les wagons, les restaurants et autres lieux. On aurait même le droit de soupçonner de l'espionnage. Par contre, n'ayant que deux ou trois jours pour visiter Berlin et enrichir mon carnet, je me trouvais heureux que des complaisants de rencontre voulussent bien contribuer à mon instruction et donner certains coups de crayon plus précis à mes observations solitaires, quelquefois un peu vagues et toujours insuffisantes.

V

Le long étudiant (1).

— Il est inutile, monsieur, de vous apprendre que je suis Prussien ; que j'étudie actuellement en Suissé, le plus souvent à Lausanne, parfois à Genève et à Berne. Connaissez-vous ces pays ?

— Un peu ; Berne et Genève surtout.

— Je m'applaudis donc de vous avoir rencontré et de causer de pays si intéressants.

(1) Le lecteur remarquera, dans cet entretien avec le *long étudiant,* plus d'un fait consigné déjà dans les monologues du vieux docteur. Les agents politiques de M. de Bismarck recevaient donc, au début de leurs missions, des avis sommaires et identiques. Il faut avouer que le vieillard et le jeune homme avaient assez bien retenu la leçon du Chancelier.

En dépit de tout ce que mes oreilles entendent souvent d'intolérable pour la fierté légitime d'un Allemand du Nord, j'apprécie, autant que personne, la grâce et l'affabilité des dames de Lausanne; mais je les trouve insupportables quand elles s'épuisent à vanter, devant moi, les qualités des soldats français. Voyons! monsieur, croyez-vous à la revanche?

— Je ne m'occupe point de politique, répondis-je en songeant au docteur, et je voyage uniquement pour mon plaisir.

— Fort bien! je l'avais deviné, c'est pourquoi je vous parle ouvertement. Oui! ces dames de Lausanne sont vraiment énervantes quand elles mettent le chapitre sur les officiers français et sur la fameuse revanche qui, d'après elles, ne saurait être éloignée. Nous ne craignons pas cette revanche, monsieur! Nous la désirons plutôt, bien que nous ayons en ce moment assez d'affaires avec les socialistes. Les patriotes allemands seraient bien heureux, je l'avoue, d'être débarrassés de ces gênants compagnons pour se trouver plus à l'aise vis-à-vis des Vosges, du Jura et du Rhin.

— Cela se comprend très-bien.

— Tout le pays de Vaud est infatué de welchisme ou de gallomanie. Les pères des Vaudois furent pourtant assez malmenés par les rois de France, mais leurs fils ne s'en souviennent plus. Ah! vos calvinistes réfugiés à Berlin ont, certes, meilleure mémoire. Ils aiment la patrie prussienne, ceux-là, et ils se sont battus vaillamment, en 1870, contre ce qu'on appelle encore leur mère-patrie. Il est évident que l'Allemagne militaire doit ouvrir l'œil sur le canton de Vaud et sur les pays limitrophes.

Berne n'est déjà plus, comme il y a dix ans, un des centres de la politique allemande. Berne a peur de nous. On lui a dit que l'empire germanique avait besoin d'une partie des cantons; que Zurich, Thurgovie et Schaffouse importaient à sa sécurité, et voilà les Bernois qui prennent la mouche à cause de leur titre de *Vorort* ou de chef-lieu principal de la Suisse allemande! Voyez-vous, il y a trop de Welches en pays bernois, dans la partie Nord et Nord-Ouest principalement. Ce qui nous console et nous rassure, c'est l'attitude de Genève et vous allez me comprendre. Le canton de Genève est assurément le plus français de la Suisse, par sa langue, sa littérature, ses relations immédiates et ses mœurs. Mais Genève se dit sans cesse qu'à la première guerre générale, son indépendance sera compromise, tout naturellement par le fait de la France, sa voisine. Vous savez ce qui s'est passé l'autre jour au sujet de la Savoie et de la zone neutre? Eh bien, ce sentiment de défiance est toujours sur le point de s'exalter quand on parle à Genève de votre revanche possible et prochaine. Notre grand chancelier, très-bien renseigné sur tous ces faits, ne cesse d'entretenir les défiances des Génevois, et se porte garant de leur indépendance, soit les armes à la main, soit devant l'arbitrage de l'Europe.

Mon long étudiant m'avait l'air d'habiter la Suisse au même titre que le vieux docteur. Je le laissai donc aller, lui aussi, persuadé que l'un et l'autre avaient les rapports les plus étroits avec la police étrangère de M. de Bismarck. Pourquoi s'étonnerait-on d'ailleurs de mes rencontres avec les amis intimes et les agents de la Prusse? Il en pleut partout.

— J'ignore, monsieur, reprit le jeune serpent, si vous vous intéressez à notre politique dite Kulturkampf, mais votre tenue et votre gravité annoncent un *Geistlicher*, un ecclésiastique; me serais-je trompé?

— Non! mais veuillez continuer.

— Eh bien, je puis vous dire que le *Kulturkampf* n'est pas près de finir, et que, si la lutte semble moins vive que dans les premiers jours, c'est à cause de ces socialistes de malheur qui absorbent l'attention de notre grand-chancelier. En attendant, Bismarck cherche à s'entendre avec les politiciens du parti catholique et dédaigne parfaitement les fanatiques à courte vue.

Prenons Windthorst, par exemple, qui est un chef de parti, mais non un ultramontain infatué. Le chancelier s'arrange toujours avec lui. Il le fait venir, il le caresse, il lui promet je ne sais quoi, et dans l'instant décisif, Windthorst trouve toujours le moyen de prouver à l'empereur qu'il est aussi bon Allemand que n'importe qui, et que son dévouement au Pape ne nuit en rien à son patriotisme. Vous savez la coalition qui se prépare au sujet des lois contre les socialistes? Parions qu'au dernier moment Windthorst trouvera un amendement bénin et que le centre ultramontain votera avec le chancelier (1).

Le député Schorlemer-Alst est tout autre

(1) Huit jours après, au Reichstag, l'évènement confirmait la prophétie de mon interlocuteur.

chose: un vrai fanatique, un homme intraitable! Quand j'habite la Suisse romande, je lis les tartines et les éloges que *l'Univers* consacre à cet homme, et je n'en suis pas surpris. Le prince de Bismarck et nos politiciens de valeur n'ont jamais été gênés par les hommes de foi violente et de convictions intraitables. Ils les mettent simplement de côté et travaillent, en artistes, avec les diplomates de race. « C'est plaisir, dit souvent M. de Bismarck, que de traiter et de protocoler avec les hommes du Vatican! En voilà une académie véritable de haute diplomatie où les scrupules et les croyances figurent à l'état de quantités négligeables! J'apprends tous les jours à cette école, et c'est pourquoi je n'en finirai jamais avec le Pape et avec sa Curie. » Ne faites pas, je vous prie, des signes d'incrédulité.

Nous regardons Rome, d'ailleurs, et ce qui s'y rattache avec des yeux pleins d'amour. Nos vieux empereurs y séjournèrent souvent et nous espérons bien reprendre le rôle des glorieux césars gibelins. Vienne un mouvement révolutionnaire en Italie, que le roi ou le Pape nous fassent le moindre signe, vous verrez comme nous tomberons sur Rome en brûlant Canosse. Une fois-là, ce sera pour longtemps, soit dit entre nous. Votre Napoléon III avait joliment raison de ne pas vouloir s'en aller des bords du Tibre. Avez-vous remarqué le passage récent du Kronprinz à travers la Ville Éternelle? Si oui, vous apprendrez bientôt, probablement, que ce passage de notre Fritz a été plus qu'une visite ordinaire. Le plus difficile de la chose c'est que notre futur empereur devait ménager le roi, le pape et ne donner ombrage ni à l'un ni à l'autre. Nous sommes convaincus, en Allemagne, que le Kronprinz y a parfaitement réussi. Connaissez-vous un certain M. Busch, secrétaire intime de notre chancelier ?

— De nom seulement.

— Je l'ai entretenu hier et il m'a montré un travail sur la nécessité qui s'impose au roi Humbert de quitter bientôt Rome pour faire place au Souverain-Pontife...

— Ou bien aux Prussiens?

— Qui sait? je serais fort surpris, en tout cas, que le *Grenzbote*, journal favori de M. Busch, ne publiât pas bientôt ce remarquable travail, pour le plus grand avantage du Pape et du roi.— Dites donc du roi de Prusse.

Mon interlocuteur savait, comme on le voit, une masse de choses qui me rappelaient l'entretien avec le docteur, et je faisais tous mes efforts pour loger le tout dans ma cervelle, au fur et à mesure qu'il me les débitait. Il était fort bien renseigné, pas moyen d'en douter. J'avais donc un air bien naïf pour qu'il me racontât ainsi tant de belles histoires !

— Je suis enchanté, me dit-il encore, d'avoir fait avec vous, et en français, une si longue conversation. J'ai toujours peur, quand je suis à Berlin, d'oublier quelque chose d'une langue qui m'est d'un usage journalier sur les frontières et dans l'Ouest de la Suisse. On peut rendre ainsi mille services à son pays, et je vous dirai, monsieur, avant de vous quitter, que MM. les professeurs, instituteurs et bon nombre d'étudiants utilisent de la sorte leurs loisirs et leurs aptitudes. Nous demandons une mission pour la France ou pour les pays voisins et tout est dit. Ah ! notre ministère de l'instruction publique a fort à faire à cette heure ! Mais il faut que je vous laisse, monsieur, avec l'espérance de vous revoir.

— Ici même, demain matin, n'est-ce pas, si cela vous est possible ?

— Très-volontiers ; donc, à demain !

J'y revins, mais tout seul. La nuit porte

conseil : elle avait dit probablement à mon interlocuteur que « trop parler peut nuire », surtout avec les inconnus, ou qu'il n'avait rien à tirer d'un auditeur si consciencieux et si réservé.

Le jour durait encore et je résolus de faire un dernier tour en ville. Prenant par le Parc, dans la direction de la fameuse « Victoire ailée », j'arrivai bientôt sur la Sprée, qui ne rappelle en rien la Seine. Les eaux de cette rivière manquent de limpidité, son lit de largeur et son courant d'activité. Je considérai les bateaux ou péniches, de forme étroite, allongée, et dépourvus d'élégance. Des bois pour charpentes et échafaudages, des briques et des terres cuites semblaient être le fret ordinaire de ces longues barques. J'avais déjà remarqué dans un canal, non loin de Schœneberg, d'autres bateaux chargés de légumes et de fruits. N'ayant rencontré encore aucun marché public à Berlin, j'en avais conclu que les gens allaient aux provisions sur les bords du canal et autres dérivations de la Sprée.

Je cherchai, mais en vain, dans cette partie de la ville, d'autres monuments religieux que le temple de la Cour et l'église catholique, dédiée à Sainte-Hedwige, déjà citée. Sous ce rapport, Cologne et Dresde, je vis celle-ci deux jours après, l'emportent de beaucoup sur Berlin. La politique n'est peut-être pas demeurée étrangère à cette sorte d'infériorité de l'art chrétien qui frappe l'étranger dans la capitale de la Prusse. Trois ou quatre églises catholiques, desservies par un clergé peu connu et administrées par un prévôt assez obscur, telle est la statistique très-modeste du catholicisme à Berlin. Le pouvoir politique, en Prusse, s'est toujours montré ombrageux vis-à-vis des catholiques et du Pape. Point d'évêque dans le voisinage immédiat de la Cour qui soit capable d'y jouer, un jour, au nom des catholiques, le rôle des évêques de Cologne, de Posen ou de Breslau. La paix est loin d'être faite entre la Prusse et la curie romaine; elle ne le sera jamais probablement, car le système politique, appelé *territorial*, y est en vigueur plus qu'en aucun autre lieu de l'Allemagne, et l'on y surveille d'un œil jaloux et implacable les moindres démarches des agents du Vatican. Tout porte à croire cependant que, sans le zèle extrême des ministres calvinistes et des superintendants luthériens, une liberté plus grande serait laissée, en Prusse, aux fidèles catholiques, à leurs curés et à leurs évêques. L'antisémitisme et l'antipapisme de la Prusse sont vraiment frères, et l'on conçoit sans peine que les hommes d'Etat de ce pays se cachent, pour cette besogne, derrière quelques farouches zélateurs que rien ne peut plus ni arrêter ni compromettre. Loin de moi la pensée toutefois de donner tort à la Prusse ou à toute autre nation qui se croirait menacée dans sa paix intérieure, et qui se défendrait vigoureusement contre l'agitation enfantée par des consignes étrangères.

VI

Je rencontre un Américain.

Le lendemain 19 avril, qui était un dimanche, j'allais acheter, « Sous les Tilleuls », des journaux de Paris, quand je rencontrai près de l'étalage un tout jeune homme que je pris d'abord pour un Slave ou un Germain, à la couleur de ses cheveux et à son accent. Il demandait, lui aussi, des journaux français.

— Tiens ! fit-il, vous êtes donc un amateur?

— Et pour la même cause, probablement, répondis-je.

— Ma foi ! c'est vrai. J'ai quitté Paris voilà deux ou trois jours, mais j'y retourne, car il faut être au Salon pour le vernissage, et j'espère bien y avoir moins froid qu'ici. Brrr !... quel temps de chien !

Il faisait froid, en effet, bien que le soleil fut rayonnant, et je proposai un tour de promenade à mon exposant de tableaux.

— Volontiers, me dit-il. Né en Amérique, j'habite Paris par amour pour les beaux-arts, car je cultive la peinture et l'eau-forte, ne vous déplaise. Je serai demain à Dresde, après-demain à Nuremberg, où je compte bien *croquer* quelques vieilles maisons. Si rien ne vous en empêche, vous ne feriez pas mal d'y venir faire un tour avec moi.

La conversation et les manières de mon jeune artiste me convenaient tout à fait. Il avait dû visiter, à Berlin, la colonie américaine, si nombreuse et si influente. Qui sait? Je vais peut-être bien entendre parler des dernières histoires des Etats-Unis avec le Chancelier.

— Que devient donc, fis-je aussitôt, cette affaire de votre plénipotentiaire avec le prince de Bismarck? — Vous tombez à pic! J'ai vu hier M. Sargent, et je suis le propre neveu de celui qui gère en ce moment la légation.

Là-dessus, mon interlocuteur se donna libre cours.

— Ne croyez pas, monsieur, que les Etats-Unis en veuillent le moins du monde à M. Sargent de son attitude vis-à-vis de Bismarck. Nous sommes des républicains, après tout, et en prenant la défense de Lasker, M. Sargent a fort bien montré à l'empire et à la chancellerie allemande que les intentions paisibles et conciliantes font bon ménage, chez nous, avec une grande liberté d'opinion ou de langage, et que la grande république nord-américaine ne craint personne et ne s'abaisse devant qui que ce soit. M. Sargent a donné sa démission ; il doit prochainement prendre congé du roi et de M. de Bismarck, mais ça ne l'empêchera pas d'être fort bien reçu à New-York et à Washington, quand il nous reviendra. Un siège de sénateur l'attend ; peut-être fera-t-il un candidat sérieux pour la vice-présidence. Les socialistes sont, il est vrai, le cauchemar des tout-puissants en Prusse, nous, Américains et républicains, jugeons autrement de ces gens-là. Toute république démocratique est sociale, en ce sens qu'elle doit s'occuper principalement des besoins du plus grand nombre. Or, les relations du capital avec le travail, des patrons avec les ouvriers, etc., constituent la question sociale au premier chef. M. de Bismarck et tous les autoritaires essaient de la résoudre en supprimant la liberté. Nous pensons, au contraire, que la liberté est indispensable à la formule résolutoire. Notre ministre Sargent est, je crois, de cet avis; c'est pour le même motif que l'Amérique du Nord est sympathique aux socialistes allemands et encourt ainsi le déplaisir du chancelier et des princes. Il y a bien encore sous ces termes : travail et capital, ouvriers et patrons, un tas de choses inconnues à M. de Bismarck, aux économistes et aux socialistes d'État. N'est-ce point aussi votre avis?

— Mais si assurément.

— Je ne prêcherai donc pas un converti et ne chagrinerai pas ce bon M. Stœcker en profanant ainsi le dimanche.

Trois ou quatre jours m'ont suffi pour voir à Berlin ce qui pouvait m'intéresser. J'en ai assez maintenant. Avouez, monsieur, que, malgré son Thiergarten et ses magnifiques officiers de la garde, cette capitale manque de charme et de variété. Enchanté, d'ailleurs, de vous avoir rencontré. Nous nous reverrons, si vous le voulez bien, soit au Salon, soit ailleurs. Nous échangeâmes nos cartes en tirant chacun de notre côté.

Dans l'intervalle de quelques heures, j'avais

mis la main, sans les chercher, sur trois reporters assez solides. Que dis-je, reporters? sur trois amateurs diplomates dont je n'étais pas probablement le seul à apprécier le mérite. Il serait peut-être bon de prolonger ici mon séjour, me disais-je. C'est si gentil de pareilles rencontres ! Oui, mon ami, faisais-je encore; mais ici, en pays inconnu, il ne faut abuser de rien, même pas de trois chances heureuses; j'allais ainsi devant moi avec toutes sortes de réflexions bizarres.

Très-persuadé, en somme, que je n'avais plus rien à démêler avec les gens et les bords de la Sprée, je voulus revoir une troisième fois l'ami d'enfance, cause première de mon voyage. Cela fait, je rentrai à l'Hôtel Central et priai l'un des petits commissionnaires de m'indiquer une boîte aux lettres. «—Ah! c'est pour *Pariss*, fit le gamin en jetant l'œil sur une adresse. Vous avez des parents ou des amis à Pariss? Vous en venez peut-être? On dit que c'est bien beau la ville de Pariss et que Berlin ne brille pas à côté.» Les autres petits employés de l'hôtel s'étaient rapprochés et semblaient regarder avec de grands yeux un Français de Pariss. La pensée des enfants trahit toujours l'opinion nationale par quelque côté.

L'admiration de ces petits pour notre belle capitale m'expliquait la pensée haineuse des Prussiens et d'une foule d'autres. Je me ressouvins alors des paroles du soldat allemand, entendues dans mon presbytère du Pin, le soir où flambèrent sous le pétrole les monuments de la malheureuse cité. « *Pariss caput!* » disait le soldat, pendant que ses camarades riaient et qu'un lieutenant se frottait les mains. Paris s'est relevé du double fléau de la guerre étrangère et civile. C'est l'image du peuple français, étonnant le monde par ses chutes et ses relèvements. Les heures sombres sont passées et les ennemis de Paris, autant dire de la France, se demandent peut-être quels succès nouveaux vont accroître bientôt la gloire d'une cité chez laquelle tout le monde veut vivre, qui compte plus d'envieux et d'adversaires que de visiteurs, mais qui s'appuie avant tout sur la nation entière et sur des sympathies puissantes dans le reste de l'univers.

« Gare d'Anhalt, dis-je au cocher d'une berline aussi mal en point que celle de la veille, et le plus vite possible! » Je refis donc connaissance avec les vents coulis et les airs passant d'une fenêtre à l'autre. Je dus me cramponner maintes fois pour éviter les secousses du pavé de Berlin et j'arrivai gare d'Anhalt juste au moment où le train venait de partir. « Consolez-vous, me dit un employé, un autre chauffe déjà; vous partirez dans une heure et serez à Dresde bien avant la nuit. » Cela me suffisait et je consacrai l'heure d'attente à longer les bords du canal jusqu'à la place de *Belle-France*. De retour en gare, je me retrouve nez à nez, avec mon vieux docteur du restaurant Oblitz

— Vous partez pour Dresde?

— Vous aussi? Quelle chance! me dis-je; je vais donc compléter mes notes.

VII

De Berlin à Dresde avec le vieux docteur

Une foule de pauvres gens envahissaient la gare, se dirigeant de notre côté. — « Ce sont des émigrants, me dit le docteur, qui certainement ne voyageront pas avec nous. Voyez-vous ce long train, ici près ? Ils vont le prendre et arriveront ainsi probablement à Coblentz, sur le Rhin, pour descendre ensuite jusqu'à la mer. » Les émigrants avaient un aspect tout à fait misérable. D'où venaient-ils ? de la Silésie, peut-être, ou de la Poméranie : le docteur semblait l'ignorer. Jamais je ne vis tant de hardes et de loques entassées dans des paquets formidables. Il y avait sur le dos de plusieurs des paniers d'osier de forme primitive, sous lesquels hommes et femmes disparaissaient ou s'affaissaient en trébuchant. Je rencontrai, le lendemain, au principal marché de Dresde, des paniers semblables et me demandai pourquoi tant de mauvais goût associé à des proportions si écrasantes.

« — En voiture, messieurs, pour Zossen et Dresde ! » Nous voilà en rase campagne, loin de la Sprée et des émigrants, collés chacun à une fenêtre, mais sans beaucoup d'illusions. Pour ma part, je cherchais les alentours de Postdam sur la droite, vers le Sud-Ouest. Je vis seulement le reflet lointain des grands étangs qu'on appelle des lacs dans le séjour favori des rois de Prusse. Au loin encore, dans la brume, émergeait une humble colline sur laquelle tournaient les ailes d'un moulin. Le meunier actuel, descendant possible du fameux Sans-Souci, en prend à son aise avec le dimanche, au nez même du plus orthodoxe des souverains protestants. Qui sait d'ailleurs si ce meunier n'est pas tout simplement un israélite? Les Juifs sont encore puissants à Berlin, malgré la croisade contre le sémitisme. Ils le sont même assez pour n'en faire qu'à leur tête sur plus d'un point, et l'on m'avait affirmé la veille que le crédit du sieur Bleichrœder semblait plus solide que jamais.

Cependant les bruyères du Brandebourg avaient regagné le temps et l'espace perdus, mêlées aux petits pins et aux maigres bouleaux. Nous devions passer par Zossen; le coup d'œil eût été identique par Trebbin. Partout le même aspect stérile et triste! Quelques cultures aux alentours des gares, un peu plus étendues pourtant qu'à l'Ouest de Berlin. De pauvres maisons solitaires ou réunies, murs de pisé et toitures de chaume! Des gens endimanchés allaient et venaient, traînant à leur suite des bandes de marmots. Le Prussien est prolifique : ses enfants ne lui coûteront guère, car il les mettra sur les bras du monde entier.

Entre temps, je songeais à certaines parties disgraciées de la France, telles que la Sologne et les Landes. Mais déjà la véritable Sologne, celle des sables et des étangs marécageux, est réduite presqu'à rien. Quant à nos landes, situées entre Bayonne et Arcachon, la Prusse serait trop fière des arbres superbes qui recouvrent aujourd'hui une bonne partie de ces terrains. On a suivi, autour de Mont-de-Marsan et de Dax, les conseils de maître Pierre (voir *les Échasses de Maître Pierre,* d'Edmond About) : on a défoncé le terrain, pompé et drainé cette nappe d'eau, funeste aux plantes et aux hommes, qui s'étendait de Soustons à Belin. Sous une couche de calcaire siliceux, le paysan a retrouvé la terre pour y semer les chênes, les ormeaux et les saules, pêle-mêle avec les pins des sables maritimes, et il y a créé des champs d'orge et de blé. La fièvre a disparu avec la pellagre, qu'entretenait le pain de maïs. Le Brandebourg n'arrivera pas de sitôt à la transformation landaise, en admettant même que les banquiers juifs de Berlin y songent jamais. La guerre pour les uns, l'usure pour les autres, paraissent encore des métiers plus profitables. Tant pis pour le Brandebourg et ses pâles paysans!

—Vous avez donc dîné, hier au soir, chez M. de Bismarck et causé politique avec le grand élève de Machiavel? » dis-je au vieux docteur, quand mes yeux ne rencontrèrent plus rien dans la campagne.

— Mais oui, et fort agréablement. On était là en famille et la conversation n'a pas chômé, je vous le jure. Les circonstances sont d'ailleurs intéressantes, comme vous le savez. Oh! les Bavarois font leur tête, mais ils y passeront comme les autres, et, malgré l'ultimatum assez vif posé avant-hier chez le chancelier par cinq ou six députés de Munich, tenez pour assuré que les chefs des corps d'armée et les commandants des forteresses seront bientôt nommés en Bavière par l'empereur et non par le roi, absolument comme dans la Saxe Royale. Voyez-vous, monsieur, les Bavarois sont notre bête noire, mais nous les mâterons! Je vous l'ai déjà dit : Je suis Prussien, bien que vivant d'habitude en Suisse, aux environs du lac de Zurich. Les Bavarois n'attendaient, ainsi que les Saxons, en 1870, qu'un combat douteux, une affaire incertaine pour nous lâcher dès les premiers jours. L'occasion leur a manqué, mais Moltke leur a fourni, en les envoyant souvent au feu, celle de prouver leur teutonisme. Ah! ah! mes bons Baierischen, vous avez beau grogner dans votre barbe noire et vos habits bleus, il vous faut marcher comme si votre barbe était blonde et vos habits verts. En route et filez droit! La Prusse en a mis d'autres au pas et de plus difficiles.

Tenez! c'est comme la Saxe-Royale, où nous entrons bientôt. Mais par bonheur le roi Albert et son frère George comprennent les choses beaucoup mieux que leur voisin de Munich. Ils viennent souvent à la cour de l'empereur, dont quatre heures de train rapide les séparent à peine. Que voulez-vous que fasse le peuple de Dresde, celui de Leipzick et de Bautzen, quand ses princes marchent ainsi au doigt et à l'œil? Entre nous soit dit, Albert et George ne seraient pas si dociles sans la crainte des socialistes de Chemnitz et autres lieux. Ils savent très-bien que, seuls, ils seraient dévorés et que leur unique appui est le bras de notre chancelier de fer. Je les plains d'ailleurs de régner sur un peuple moitié allemand et moitié slave. Vous aurez la même conviction, et vous les plaindrez comme moi, pour peu que vous parcouriez Dresde ce soir et demain. Tout le côté de Bautzen déverse sur Dresde et sur la Saxe-Royale un déluge de Slavons qui parlent à peu près le jargon des Serbes et des riverains du Danube à partir de Pesth. La Saxe-Royale et la vraie Saxe, faites-y bien attention, sont deux choses distinctes. Ah! mais, en voici un type frappant! Considérez, je vous prie, ce jeune porte-drapeau qui est monté avec nous : voilà l'exemplaire du vrai Saxon du Nord, de ces forestiers marécageux que Charlemagne eut tant de peine à vaincre et qui, dans les Prussiens, reconnurent en tout temps des frères. Rien d'étonnant à ce que la

France, votre pays, ait souvent rencontré des sympathies chez les Bavarois et les Saxons du Sud. La race franconienne domine chez les premiers; pour les seconds, passez-moi le mot, ils ne sont tout juste que des demi-Polonais. Regardez là-bas, là-bas! C'est la Sprée qui vient de Bautzen, en passant par Kotbus, et qui, au Nord de Berlin, se perd dans les sables ou les étangs. Si nous étions sur une montagne au lieu d'arriver à Sonnenwald, en pays plat, je pourrais vous montrer, au-delà de Kotbus et de la Sprée, la direction du bassin où l'Oder coule sur notre gauche, à l'Est, en nous arrivant de Breslau. Silésiens, Polonais et Serbes, tous ces gens-là s'entendent à demi-mot pour nous jouer les tours les plus diaboliques. La Prusse, je veux dire l'Allemagne du Nord, aura bien de la peine à en faire des Germains. »

Je remarquai, en effet, sur presque chacune des gares, grandes ou petites, que nous traversions depuis notre entrée dans la Saxe-Royale, que des noms à désinence slave, en *a*, s'ajoutaient aux noms allemands, dont aucun vocable ne se termine ainsi. L'aspect du pays avait aussi changé : les pins étaient devenus moins denses, les champs plus nombreux;

les vergers se montraient, mais la neige couvrait tout dans la direction du Sud; et, quand nous fûmes à l'Elster, — ne pas confondre ce modeste ruisseau avec l'autre Elster où mourut Poniatowski, — mon compagnon de route se renfonça dans la politique, autant sinon plus que dans les coussins du wagon, et m'annonça une rentrée triomphante par cette interrogation :

— Je suppose, monsieur, que vous lisez la *Revue des Deux Mondes?*

— Effectivement.

— Eh bien! que pensez-vous, dans ce cas, de celui qui signe Valbert? Tenez, je vous dispense de me répondre. Valbert c'est Cherbuliez, et Cherbuliez ne devrait pas se dire Français, après avoir tant vécu à Genève et tant contribué à l'honneur littéraire de cette ville, *amie et alliée de la Prusse,* entendez-vous bien?

— Oh! oh! fis-je.

— Je prétends, monsieur, que la *Revue* est perfide autant qu'orléaniste, et que chacun de ses numéros agace les nerfs de notre illustre chancelier.

Le vieux docteur faisait allusion, certainement, à l'article publié dans la *Revue des*

Deux Mondes du 1er avril 1884, sous ce titre alléchant : *M. de Bismarck et Moritz Busch.* J'en extrais les passages suivants pour l'édification du lecteur (comparez pages 703 et seq. de la *Revue*):

« Les hommes trop personnels dans leurs idées, comme dans leurs règles de conduite, sont condamnés à la solitude, et quelque savoureuses que soient les joies de l'orgueil et de l'omnipotence, l'homme n'est pas né pour vivre seul. Le solitaire de Varzin se livre par intervalles à de mélancoliques réflexions. Il se plaint que sa carrière politique lui a procuré peu de satisfaction, que personne ne l'aime et qu'il n'a fait le bonheur de personne, pas même le sien. Sa consolation est de se considérer comme l'instrument, comme l'ouvrier des destinées, comme un vase d'élection où Dieu lui-même a versé ses pensées et ses colères..... Lorsqu'on n'est d'accord avec personne, on aime à croire qu'on a les secrets de Dieu et qu'on accomplit ses ordres..... Dieu est un complice plus maniable encore que l'empereur Guillaume. Quelque proposition qu'on lui fasse, il se tait, et qui ne dit mot consent.

» Mais la plus grande cause de chagrin et

de souci pour les hommes d'État qui remontent le courant des opinions et bataillent contre leur siècle, c'est l'inquiétude qu'ils ressentent pour la durée de leur œuvre. M. de Bismarck se dit souvent : Après, moi ce sera le gâchis. Pour conserver son œuvre, il lui faudrait un successeur fait à son image et doué de son génie. Le chancelier n'a pas fait école. La seule qualité qu'il demande à ceux qui servent sous ses ordres c'est une discipline de sous-officiers..... M. de Bismarck, dit Wirchow, est un homme supérieur qui représente une politique surannée. Nous serons condamnés ainsi, ajoute M. Busch, à passer par de cruelles expériences et la machine se détraquera bien vite. Qu'ils aillent se plonger dans la mare aux grenouilles, tous ceux qui ont méconnu leur maître, s'écrie-t-il en finissant; voilà la morale de mon livre. »

— Ce Valbert ! continuait le convive du chancelier, impossible de le prendre en défaut, tant il est souple, insolent et courtois ; mais pas une occasion ne lui échappe, non, pas une, pour cribler d'épigrammes et de coups d'épingles la Prusse, les Prussiens et, par dessus tout, notre Bismarck !! C'est un pince sans rire que ce Génevois, et tous ceux qu'il attrappe ne rient guère non plus. Votre comte de Paris possède là un fameux serviteur ; qu'en pensez-vous ?

— Je croyais Valbert assez ami des d'Orléans, mais je ne le savais pas aussi désagréable à vous d'abord, puis à votre ami le chancelier. Vous en avez donc causé hier au soir?

— Peut-être bien, car on rencontre Valbert, les prétendants, les républicains et les socialistes sur toutes les routes de la politique et de la conversation. Voyons ! soyez aimable, je serai sincère. Nous avons, en effet, causé longuement, le prince et moi de la revanche, de vos prétendants, de l'avenir et de la marche probable de votre république. Dites-le moi et je ne le répèterai à personne : N'est-ce pas que vous songez à la guerre ?

— Je n'en sais absolument rien, et si je croyais la revanche résolue à bref délai, je ferais des vœux pour qu'elle fût remise à plus tard. La France est prête ou peu s'en faut, mais quel intérêt a-t-elle, aujourd'hui, à se lancer dans une si grosse aventure ?

— Vous l'avez dit, monsieur l'abbé; aucun intérêt pressant ne pousse la France, mais il n'en est pas ainsi de la Prusse ou mieux de l'Allemagne du Nord. L'attente et l'incertitude nous tuent. Quel fonds pouvons-nous faire sur l'Italie ou sur l'Espagne, nations travaillées par vos idées républicaines, chez lesquelles vous avez tant d'amis, où tout le monde conspire en votre faveur, en se figurant ne conspirer que contre Alphonse et Humbert? On le sait à Berlin: la République française escompte déjà la confédération des républiques gallc-latines et travaille pour cette union, sans en avoir l'air. Nous ne pouvons pas laisser établir un pareil système. Plutôt mille fois la guerre à bref délai!

— C'est donc pour cela que votre vieux Moltke s'en allait récemment étudier les Alpes-Maritimes et qu'il a laissé, du côté de Savone et de San-Remo, tant de capitaines et d'ingénieurs?

Mon homme fit semblant de songer à autre chose.

— Regardez-moi, dit-il, ces cerisiers et ces hautes collines. Nous voilà tout à l'heure à Dresde. L'Elbe est là, près de nous. Le printemps devrait nous sourire dans cette province saxonne qu'on appelle ici la petite Suisse... Il n'en est rien. Je plains beaucoup les vignerons et les propriétaires de ces vergers. Le vin et le kirsch se vendront cher encore dans les faubourgs de Dresde. L'hiver et la guerre sont des choses bien tristes, mais fatales, monsieur!

Le vieux professeur tournait à la mélancolie; j'avais peut-être été moins avisé qu'au restaurant de Berlin.

Pendant ces quelques minutes de silence je me souvins de ce que m'avait insinué le docteur à diverses reprises. La Prusse, disait-il, n'est jamais embarrassée pour faire une guerre dont elle a besoin. Quand la République fut proclamée au 4 septembre et une paix imprévue offerte à l'Allemagne du Nord, il y eut d'abord désappointement et colère; mais le chancelier, le roi et les princes se remirent vite en selle; aussi, quand Jules Favre vint à Ferrières et dit au roi : Mais à qui donc faites-vous la guerre, en ce moment? — A Louis XIV, monsieur! Jules Favre dut comprendre qu'une revanche hypocrite et une guerre de conquête avaient été résolues contre son pays.

Nous arrivons enfin. Je pris un commissionnaire qui me conduisit à l'hôtel Rœssiger, rue des Orphelins (Waizen-Strasse). Mon compagnon s'en fut d'un autre côté. Nous nous donnâmes rendez-vous à Lindau et à Zurich. Le lecteur saura, en effet, si la chose l'intéresse, que je retrouvai l'ami de Bismarck deux jours après, sur un bateau du lac de Constance, où nous déjeunâmes en buvant du vin de Hongrie. Le docteur profita de l'occasion pour avaler un ou deux verres de trop, et, une fois lancé, il se moqua, à langue débridée, des Bavarois, tant civils que militaires, en l'honneur de deux ou trois Bavaroises qui nous servirent à dîner, et qu'il trouvait superbes. « Les Trois Grâces, » me disait-il.

Revenons à l'hôtel Rœssiger. La nuit avait commencé de bonne heure. J'éprouvai le besoin de relire quelques pages d'un livre qui me suit d'habitude et qu'une partie de la France apprécie comme moi. Rien ne réconforte autant, lorsque le souvenir de 1870 et 1871 devient trop amer ou que les rencontres de la vie nous reportent au moment cruel où l'Allemagne entière s'acharna sur la France et lui fit payer, en ruisseaux de sang et d'or, la faute qu'elle n'avait point commise. Ouvrons le livre.

« Depuis dix ans (nous sommes en 1806), la France voulait fonder la paix du continent sur l'alliance prussienne. Avec cette alliance, l'Autriche et la Russie ne pouvaient plus nous attaquer, toute coalition devenait impossible, et l'Angleterre se trouvait ainsi contrainte à poser les armes. C'était sur la Prusse que Napoléon avait primitivement basé tous ses plans politiques ; c'était par elle qu'il voulait rejeter l'Autriche hors de l'Allemagne, reléguer la Russie dans ses glaces du Nord ; c'était avec elle qu'il voulait former une nation allemande, grande, compacte, de trente millions d'habitants, qui aurait été le contrepoids du Nord et du Midi de l'Europe. Il se proposait de faire prendre à la maison de Brandebourg un titre impérial ; il aurait abandonné, pour l'alliance prussienne, son système d'Etats fédératifs dont il connaissait tout le danger. Il s'était même engagé, pour prix de cette alliance, à ne jamais accroître ni l'empire français ni le royaume d'Italie. A toutes ces offres, la cour de Berlin n'avait répondu que par une haine insensée et une mauvaise foi pleine de maladresse : elle voulait les avantages de l'alliance, mais sans l'alliance et pour servir la coalition. » La Prusse mit donc la main sur le Hanovre, et quand Napoléon parla de rétrocéder le Hanovre à l'Angleterre, « il y eut en Prusse une explosion de fureur contre l'allié qui disposait insolemment du territoire des autres. La cour, l'armée, éblouies par l'image du grand Frédérick, étaient folles de haine et d'orgueil. La reine, belle, ardente, romanesque, adorée de ses sujets, s'en alla, vêtue d'un uniforme de dragon, passer des revues et courir les casernes... Dès que la Russie eut promis deux armées et l'Angleterre des subsides, on se précipita dans la guerre comme dans une fête (15 sept. 1806). Les troupes marchèrent tumultueusement sur la Saxe, en chantant, en se faisant couvrir de fleurs, en insultant les bourgeois, qu'elles appelaient jacobins.

» Napoléon fut étonné de cette prise d'armes furibonde. Il répugnait à combattre une puissance que *la nature même,* disait-il, *avait destinée à être l'amie de la France,* et néanmoins il dirigea sur le Mein les six corps qu'il avait laissés en Allemagne.

» Pendant que l'armée prussienne manœuvrait tranquillement dans la Thuringe, Napoléon concentra à Bamberg son armée, forte de deux cent mille hommes, dont quarante mille cavaliers, et la forma en trois colonnes, dont le point de convergence était

Géra, au-delà du Frankenwald..... Napoléon, arrivé à Géra, continua son mouvement de flanc sur la Saal..... Soult, Ney, Augereau, Lannes marchèrent sur Iéna. Brunswick comprit alors tout le danger de sa situation; il voulut prévenir les Français en se dirigeant avant eux sur l'Elbe. Son aile gauche, commandée par Hohenlohe, masquait ce mouvement, en gardant le défilé d'Iéna. A l'approche des troupes françaises, il évacua Iéna et le plateau qui domine la Saal.

» Napoléon averti que, du haut du plateau, on voyait la plaine couverte d'énormes colonnes, crut que toute l'armée prussienne était là et qu'il allait la prendre en flagrant délit. Il précipite la marche des quatre corps qui formaient la masse de gauche et il rappela ceux de la droite. « Soldats, dit l'empereur, l'armée prussienne est coupée comme celle de Mack, à Ulm, il y a aujourd'hui un an. Cette armée ne combat plus que pour se faire jour et regagner ses communications. Si un corps se laissait percer, il serait perdu d'honneur! » Et, pendant la nuit, il fit du plateau d'Iéna une sorte de forteresse, d'où débouchèrent à la fois dans la plaine Lannes, Augereau, Soult et Ney (14 octobre). En quelques heures les trois lignes des Prussiens furent enfoncées; des régiments essayèrent de tenir en carrés, ils furent entièrement détruits; l'aile droite accourut de Weimar et essaya de ranimer la bataille, mais elle fut écrasée. En ce moment, la cavalerie de Murat arriva; alors, la déroute fut complète : pas un bataillon ne resta entier, tout s'enfuit pêle-mêle sur Weimar.

» Pendant ce temps, Davoust, Friant et Gudin avaient enfoncé l'aile droite et le centre de l'armée prussienne, commandée par le roi et Brunswick, à Auerstædt. Les fuyards d'Iéna rencontrent ceux d'Auerstædt. Alors la confusion est au comble. Tout se heurte, se croise, se mêle, se disperse, hommes, chevaux, équipages. Plus de généraux, pas d'ordres, pas un point de ralliement. La guerre avait été faite si follement qu'on n'avait rien prévu pour une retraite...; la cavalerie française ramassait les bataillons prussiens à la course: c'était un désastre fabuleux.

» Le roi, au lieu de rallier les débris de son armée, s'enfuit à Stettin pour aller chercher au-delà de l'Oder ses dernières ressources, et il chargea Hohenlohe de faire le ralliement à Magdebourg. Mais l'empereur ne laissa pas le temps aux vaincus de se remettre de leur terreur. Pendant que Murat, Ney et Soult se jetaient à la poursuite de Hohenlohe par Nordhausen, tous les autres corps s'en allèrent passer l'Elbe pour marcher sur Berlin, où il entra le 25 octobre. Il mit sur les pays conquis une contribution de guerre de 160 millions; il les partagea en quatre départements, qu'il confia à des administrateurs français; il imposa aux autorités un serment qui laissait dans l'incertitude le rétablissement de la monarchie. »

Le seul qui résista glorieusement et jusqu'à la fin fut Blücher, qui, acculé à la frontière danoise, capitula devant l'armée du Danemark. « Le même jour, 8 novembre, Magdebourg se rendit avec 20.000 hommes et 800 canons. » (TH. LAVALLÉE. *Histoire des Français*, tome IV.)

Ce fut ainsi que l'armée de Frédéric II succomba devant l'armée de la France nouvelle. Qui sait la destinée réservée aux troupes du vieux Moltke et aux ambitions insatiables de la chancellerie prussienne? Lorsque Napoléon III fit la folie criminelle de déclarer la guerre à la Prusse, entourée déjà de la Bavière, du Hanovre et de la Saxe, l'armée française, forte à peine de 300.000 hommes, avait en face d'elle un million d'Allemands. Réduits à 170.000 soldats par la capitulation de Sedan, nous pouvions encore lutter, mais Bazaine ne le voulut pas, et la capitulation de Metz ouvrit les routes de la France à toutes les hordes ennemies. Rien, dans cette funeste aventure d'un empereur français mettant la capitulation à l'ordre du jour, ne peut être comparé à l'immortelle campagne de 1806, où les forces étaient égales des deux côtés, où tout se régla en batailles, où le génie d'un grand capitaine, servi par d'admirables lieutenants et des soldats enthousiastes non moins qu'obéissants, dispersa et prit en moins de deux mois une armée de premier ordre, habituée à vaincre et commandée par les lieutenants mêmes du grand Frédéric.

Je ne souhaite point la guerre; je désire seulement que la France reprenne son rang d'honneur et de puissance. Si les généraux de Moltke prêtent, aujourd'hui, l'oreille aux moindres bruits venus des Vosges, s'ils ne peuvent se pardonner de ne pas avoir écrasé la patrie française encore plus qu'ils ne l'ont fait, s'ils regardent vers l'Italie à cause des secours qu'ils en attendent, s'ils sont agités et tourmentés, la France peut demeurer calme et affermir sa paix, en préparant une guerre défensive. Les aventures et les malheurs de 1870 ne se rencontrent pas deux fois dans la vie d'une nation qui aime l'honneur plus que tout, qui se souvient et qui se garde. L'ennemi se consume d'inquiétude, le temps combat pour nous, ce serait folie de rien brusquer.

Observations d'un ami.

Je mettais la dernière main aux pages qui précèdent lorsqu'un ami y jeta les yeux et me dit : Il vous sera difficile d'attirer les indifférents à la lecture de vos trois journées, et vous aurez aussi quelque peine à convaincre, même ceux qui vous auront lu avec plaisir, de la réalité de vos récits. Il y a là un écueil pour votre brochure, et aussi pour le but patriotique que vous ne cessez de poursuivre.

Pourquoi donc, lui répondis-je, des hasards tout personnels ou des rencontres explicables, d'ailleurs, à qui les considérera sans parti pris, revêtiraient-ils l'apparence d'inventions forgées pour les besoins d'une cause? Songez seulement, vous et d'autres, combien de choses inattendues, surprenantes, mais souvent utiles à connaître et à pénétrer, s'offrent à chacun de nous, dans une seule journée à travers Paris. Si vous êtes de loisir, faites-en l'expérience, à la seule condition de bien ouvrir les yeux et les oreilles. Vous me montrerez ensuite vos notes, et nous les comparerons à celles que j'ai rapportées d'Allemagne.

Mais la question d'authenticité de cette brochure n'est pas ce qui me tient le plus à cœur. Il m'a été prouvé, le 17 avril et les jours suivants, que l'Allemagne n'est pas heureuse, qu'elle s'inquiète chaque jour un peu plus des succès, des efforts ou des projets de la France. J'ai la conviction que la Prusse, énervée par l'attente, troublée par l'inconnu ou l'incertain, serait capable de se liver, un jour ou l'autre, à quelque folle équipée..... Je tiens pour assuré que sa politique générale se résume en ces deux interrogations : A quoi songe la France? Sera-t-elle toujours maîtresse d'elle-même et complètement libre de ses mouvements quand sonnera l'heure du destin?

J'ai voulu faire passer chez les autres une certitude acquise durant mon séjour dans la capitale des Allemands du Nord. Persuadé aussi qu'il faut à la France une grande force morale, j'ai cru la trouver dans un sentiment bien net et dans un large amour de la patrie. Il m'importe assez peu de savoir, au point de vue d'un succès personnel, à quel degré j'ai réussi. Mais il y a des paroles qui plaisent aux bons cœurs et qui échauffent, malgré tout, les plus tièdes; or, je crois avoir écrit quelques-unes de ces paroles, et ce témoignage intérieur me suffit, en attendant les autres, si je les mérite.

APPENDICE

AUX

TROIS JOURS A BERLIN

On a peut-être remarqué dans ce qui précède que la politique religieuse de la Prusse est à peine effleurée. Ma qualité d'ecclésiastique me faisait, cependant, un devoir d'étudier sur place, autant que me le permettaient des heures trop rapides, la question toujours vivante des rapports de la Prusse protestante avec ses nombreux sujets catholiques et avec le Vatican. J'ai donc ajouté, en forme d'appendice, quelques réflexions sur cette grave matière et appliqué selon mon habitude, à la France et aux circonstances qu'elle traverse, les conclusions pratiques suggérées par le *Kulturkampf* dans son propre pays.

Personne ne m'en voudra de m'être montré,

dans ce nouveau chapitre, relativement sobre en ce qui touche l'Allemagne du Nord et sa politique ecclésiastique, tandis que je me suis longuement étendu sur la lutte religieuse qui trouble déjà la France républicaine. Ce qui vient de se passer en Belgique doit nous ouvrir les yeux et nous corriger de notre stupide dédain pour les questions les plus vitales. La liberté seule est en péril chez nos voisins du Nord. La patrie et la liberté le seraient à la fois chez nous, si un fanatisme odieux et si des conceptions étranges devaient prévaloir sur la foi éclairée de nos pères, sur l'honnêteté et le bon sens de la nation.

Religion et Patrie.

L'union des cœurs français dans un large et ardent patriotisme est strictement obligatoire. Cette nécessité absolue, toujours présente à ma pensée, a seule guidé ma plume dans les considérations qui vont suivre.

La lutte continue, on le sait, dans l'empire d'Allemagne, entre le catholicisme et le système territorial : *Ejus est Religio cujus est regio*. Ce système s'appelle aujourd'hui et par exagération le combat pour la civilisation, Kulturkampf. En se renfermant dans une dénomination plus modeste et plus vraie, la lutte du Vatican avec la chancellerie prussienne n'est plus que le combat autour des lois de Falk ou des lois dites de Mai. Tout un échafaudage de monarchie absolue et défiante à l'excès se résume dans ces lois, comme dans le nom du ministre, qui ne fut que l'ouvrier de M. de Bismarck.

Cette lutte, vieille déjà de quinze ou vingt années, et qui ne cesse de passionner les catholiques de la France presqu'autant que ceux de Cologne, de Posen et de la Silésie, me parut presqu'absente de Berlin. Là, en effet, domine le protestantisme de cour, c'est-à-dire la soumission absolue aux volontés de l'empereur et à celles du chancelier. En dehors même de Berlin, partout où l'occasion s'est présentée de m'entretenir avec des personnes bien renseignées, il me sembla que la question religieuse n'avait rien perdu de son âpreté, mais que le patriotisme allemand et ses inquiétudes dépassaient de beaucoup la querelle confessionnelle, alors même que cette lutte, comme c'est ici le cas, s'élève à la hauteur d'un combat pour les droits de la conscience.

On dirait que chacun, sur les bords du Rhin, de l'Elbe et de l'Oder, veut d'abord que la patrie soit mise hors de jeu; et c'est peut-être dans cette précaution préjudicielle, tacitement acceptée de tous, que gît la cause des débats interminables avec Rome et des découragements périodiques de la curie romaine, en face d'adversaires que ses armes, victorieuses ailleurs, n'atteignent même pas ici. Bismarck a usé, dans cette lutte, des prélats vénérables et d'une haute intelligence, des hommes d'Etat d'une capacité reconnue, d'un caractère ferme et loyal. Ceux qui lui résistent sont effrayés à la pensée qu'on doutera peut-être de leur germanisme; et lui semble se rire de leurs angoisses, sachant bien quelles forces et quels préjugés vivaces combattent à ses côtés pour le maintien de son œuvre et la poursuite de ses desseins.

A côté ou au-dessus du protestantisme et de l'ultramontanisme, un parti politique domine nettement en Allemagne : celui de l'Empire, c'est-à-dire de l'unité de la patrie allemande; et la meilleure preuve de ce fait c'est que les socialistes eux-mêmes se montrent loin de repousser, en majorité, toute alliance avec l'Etat ou toute initiative venant de lui. Les parlementaires, il est vrai, demandent plus de liberté et de dignité, mais nul d'entre eux n'imagine que l'Assemblée des représentants éclipsera jamais la majesté de l'Empire ou diminuera la puissance de son unité. Si l'idée républicaine s'installe là un jour, il faudra bien que la chancellerie compte avec elle et suive de près les soubresauts du patriotisme pris entre l'enclume de la monarchie et le marteau de la République, mais l'Allemagne en est encore loin. Quant à faire du séparatisme, quant à relâcher ce lien fédéral, grâce auquel la Confédération allemande du Nord sera bientôt un pays aussi centralisé que la France, on sait ce qu'il en faut penser, pour peu qu'on se reporte aux dernières tentatives des Bavarois. C'est l'empereur et non le roi de Bavière qui signe présentement les nominations des commandants de forteresses et celles des chefs de corps d'armée. La cour de Munich s'est résignée. On a promis d'ailleurs de respecter l'autonomie de la Bavière!!

Il existe aussi, en France, une opposition dite religieuse qui s'exaspère de jour en jour; mais on ne sait pas au juste, chez nous, si les colères du parti catholique, appelé aussi conservateur et clérical, s'attaquent au groupe qui détient le pouvoir, plutôt qu'aux actes accomplis ou qui s'accompliront demain par ses amis ou ses successeurs. Des craintes, des espérances, des coalitions, on trouve de tout cela et autre chose encore dans notre parti conservateur, mais en somme plus de négations que d'affirmations précises.

Il y a, croyons-nous, bien du vague et de l'incertain dans les plaintes formulées par les cléricaux, aussi ne peuvent-ils présenter en ce moment un programme bien défini ; mais quant à leur idée particulière du patriotisme, ils la croient nette et bonne, exempte d'erreur et d'illusion. Sous ce rapport, l'ultramontain le plus fiévreux se donne pour un vrai patriote et le radical-athée ne parlerait pas autrement. Je choisis à dessein les extrêmes. On ne nie point la bonne foi des uns et des autres, mais l'image de la patrie devient flottante dans l'ardeur de ces luttes, de ces revendications prétendues sacrées ou inéluctables, parmi lesquelles se glissent et se cachent tant d'intérêts et d'ambitions vulgaires! En Allemagne, la patrie, c'est l'empereur, en qui l'unité se personnifie. En France, la patrie devrait se confondre aussi avec le gouvernement, avec les institutions et les lois. En sommes-nous-là? Pas le moins du monde. Les partis trouvent préférable sans doute que, chez nous, on discute la patrie comme tout le reste, dût l'heure d'un danger suprême sonner avant la fin de ces inconcevables discussions.

Avant tout, il faudrait crier ceci à l'oreille des plus sourds et des plus entêtés : Il importe très-peu à l'intérêt actuel de la France, convoitée par d'anciens ennemis et trahie par des ingrats de date récente, que vous soyez partisans de telle ou telle doctrine. Aimez vous la France plus que vous-mêmes, plus que vos opinions et vos préjugés d'école ou de caste ? Si oui, donnez-vous la main et demeurez unis jusqu'au lendemain de la victoire. Mais jusqu'à cette heure glorieuse autant que nécessaire, vous n'avez pas le droit de mettre en péril une nation pour laquelle la clarté c'est la vie, et de glacer les cœurs par le froid de vos dédains et l'amertume de vos anathèmes.

On a vu naguère arriver de Lourdes à Tours des pèlerins Allemands. Les Tourangeaux, enthousiastes de la miraculeuse piscine, ont fait à ces pieux Teutons un accueil empressé. On ignore si, dans la circonstance, des conseils sensés ont été donnés sur le danger d'une hospitalité trop fraternelle ; ce que l'on a très-bien saisi dans cette rencontre fortuite ou préméditée, c'est l'aberration de l'idée de patrie, sous l'influence d'un sentiment religieux trop exclusif.

Récemment encore, à Toul et à Verdun, des supérieurs ecclésiastiques n'ont pas craint de confier des paroisses à des prêtres allemands que rien n'obligeait à fonctionner en dehors de l'Allemagne. Comment des vicaires-généraux n'ont-ils pas compris que nos diocèses ne doivent jamais s'ouvrir à des prêtres qui sont d'abord des Allemands et qui nous donnent l'exemple en cela ? N'a-t-on pas le droit, alors, de flairer ici une internationale peu consciente, je le veux, mais bien autrement dangereuse que celle des ouvriers de la main ou de la pensée ? Et serai-je mis au banc des criminels de lèse-divinité ou de lèse-humanité par les ultras de la foi catholique ou d'une libre-pensée cosmopolite, si je réclame de chacun, pasteur, zélateur, positiviste ou athée, qu'il mette la patrie en dehors et au-dessus de toute croyance et de toute doctrine?

Ah ! prenons garde ! celui qui s'intitulait Fils de l'Homme et Fils de Dieu, celui dont la majorité du genre humain se réclame encore, avait une patrie, sur laquelle on le vit pleurer, pour laquelle il voulut mourir. Les journaux religieux et catholiques, ceux qui parlent le plus du Christ : *l'Univers*, *la Croix* et maintes *Semaines religieuses* ont fait sous ce rapport bien du mal ; le désarroi des consciences s'en ira grandissant, à moins que chaque croyant ne descende en lui-même et ne se demande sévèrement s'il comprend et pratique les devoirs d'un vrai patriote, et non pas plutôt les fantaisies d'un illuminé et d'un mystique qui a cessé de s'appartenir.

Le *Monde*, organe de hautes personnalités ecclésiastiques, mêle tous les jours — le fait-il à dessein ? — ses plaintes religieuses à ses espérances monarchistes ; la République est devenue pour lui le règne de Satan. Lisez, par exemple, l'article du 20 mai dernier, 1re page, 1re colonne. Tous les catholiques, tous les conservateurs y sont invités à une croisade en faveur d'une restauration qui serait celle du comte de Paris !... Où trouver ici le souci obligatoire d'un patriotisme qui doit être *un* pour tous les partis et pour toutes les confessions? N'est-ce pas à faire frémir au cas où des membres distingués de la magistrature, de l'armée ou des Chambres, pénétrés de semblables principes, chercheraient un jour, et par tous les moyens, à les réaliser?

Les royalistes français ont vaillamment combattu dans la guerre franco-allemande. Mais en voyant la France vaincue et abaissée, malgré leurs héroïques efforts, ils n'ont plus eu qu'une pensée, celle de balayer la République impuissante et de préparer une deuxième restauration. Souvenons-nous des manifestations de Bordeaux; rappelons-nous aussi la Commune, qui n'aurait jamais pu devenir maîtresse de Paris si la grande ville n'eût pas été convaincue des projets réactionnaires de la majorité qui, de Bordeaux, allait siéger à Versailles. Disons tout. Serait-ce un crime de supposer chez les plus ardents royalistes moins d'entrain pendant la guerre de 1870-71, s'ils avaient cru n'aboutir, en définitive, qu'à l'établissement de la République? Voilà ce qu'il est bon de répéter à ceux qui, au nom du trône et de l'autel, affirment que le sytème actuel est le mal par excellence, après avoir accepté eux-mêmes un essai loyal, et lorsque la République lutte encore pour l'existence.

Quand le mot de patrie se prononce, il faut que rien de vague, à plus forte raison d'odieux, ne se mêle à cette noble et claire expression. Le peuple n'entend bien que les termes simples et concrets. Pour lui, la patrie, c'est le drapeau, c'est l'armée, c'est le gouvernement de la France. Que faites-vous alors, écrivains soi-disant conservateurs, en soutenant que ce drapeau, cette armée, ce gouvernement ne sont qu'au service du mal? Où voulez-vous que ceux qui refusent d'aller de votre côté, et que vos paroles troublent néanmoins, cherchent désormais l'image vraie du pays des ancêtres pour lequel on les conjure de se dévouer et au besoin de mourir?

Dans une brochure (*Guerre franco-allemande*) qui a précédé celle-ci de quelques semaines, j'ai affirmé qu'un prêtre pouvait être républicain en demeurant chrétien et catholique. Serais-je donc, moi aussi, un des serviteurs du mal? J'ai dit encore qu'il fallait se défier de tout laïque, de tout moine ou prêtre qui ferait bon marché de ce qui enflamme le cœur d'une nation en péril. Des amis, quelques évêques dont je respecte le caractère élevé et bienveillant, m'ont dit ou m'ont écrit : « Prenez garde ! vous êtes patriote et vos pages nous ont émus, mais vous n'êtes pas assez catholique. » Sans le faire exprès, ces honorables prélats ont mis le doigt sur le danger qui menace la France, par suite de conceptions plus mystiques et plus subjectives que réelles et nationales.

C'est un mal et un danger pour la patrie de concevoir la religion d'une façon trop étroite et d'y associer des rancunes politiques ou des espérances de parti. Ce mal et ce danger doivent donc être vigoureusement combattus par la diffusion des idées libérales et conciliantes dans les cœurs affamés d'amour et de sacrifice. On est assez catholique quand on ne marchande ni sa vie ni son repos pour le service de l'Eglise et celui de ses frères. Ne le serait-on plus assez parce qu'on associe la France à l'Église et que, dans les moments de danger, on conjure les fidèles et les pasteurs de fortifier ce qui unit et d'affaiblir ce qui divise ?

Un jour de l'année dernière, je m'entretenais avec un vicaire de Paris de la situation critique que nous traversons. Ce vicaire, mon ami et mon condisciple, s'écha[illegible] tête et finit par [illegible] oui! je ne regrette qu'une chose, c'est que Bismarck n'ait pas déjà accompli l'agression brutale qu'il médite et délivré, n'importe comment, la France de l'odieux gouvernement républicain qui la déshonore! » Ce confrère m'avait prié de déjeuner avec lui; nous allions nous mettre à table, mais je lui dis avec tristesse : « Non! je ne romprai pas le pain avec vous, qui faites de pareils vœux en faveur de nos ennemis. » A dix pas de là, je ne regrettais point ma sortie, mais je me rendais compte, jusqu'à un certain point, du langage de mon condisciple, surtout à cause des idées dominantes dans son milieu. On voudrait, pour tout au monde, que ce cas fût le seul et qu'un pareil langage ne pût se tenir deux fois; on se demande même si l'on fait bien de révéler de telles misères.

Par malheur, certaines idées, exaltées par une vie solitaire ou par un entourage passionné et borné, vont parfois si loin qu'un respectable prêtre du Midi m'écrivait ceci dernièrement : « Ce qui se passe ici et ce que j'entends me remplit d'une angoisse amère. J'arrive d'une paroisse où je compte de nombreux parents et amis; voici ce qui m'a été dit : « Ça va mal, monsieur le curé. On dit que la République persécute la religion et que le bon Dieu va susciter de nouveau les Prussiens contre nous. Si la France est encore saccagée, nous en aurons un grand chagrin, mais nous nous en consolerons, pourtant, si notre sainte Religion et notre saint Père le Pape redeviennent soutenus et honorés comme autrefois. »

Cette lettre est de nature à contrister bien des âmes vaillantes. Le Christ se lamentait sur la ruine future de Jérusalem, sur celle de la Judée; et, parmi nous, plusieurs se consolent déjà de la possibilité d'un nouveau ravage, dans la pensée que l'Église et son Chef survivront avec honneur au désastre de la patrie!!

Avant tout la France! Chacun devrait pousser ce cri, sans arrière-pensée, sans l'ombre d'une distinction, quelle qu'elle soit. Lord Acton, un Anglais ultramontain, consentait, dit-on, à crier : « Vive l'Angleterre, avant tout et à jamais! » pourvu que la question du

Pape fut spécialement réservée. N'en trouverait-on pas en France, aujourd'hui, disposés à formuler les mêmes réserves (1)?

Et quel besoin avons-nous donc, en présence d'ennemis capables de ce que nous savons, de tempérer l'amour du sol natal par des préoccupations ecclésiastiques et des subtilités d'école? Est-ce que jamais les principes du gouvernement spirituel doivent se mêler aux principes et aux intérêts de la Défense nationale? On comprend à la rigueur que le moine, vivant n'importe où et se trouvant presque partout chez lui, mette ses idées et sa discipline monacale assez près des plus grandes choses, sinon au-dessus; mais le prêtre, mais le pasteur, qui prennent part à tous les actes de la vie civile et politique et qui résident d'habitude dans la même contrée, devraient-ils faire leur part à des distinctions dangereuses, quand l'unité la plus étroite et le dévouement le plus aveugle sont devenus les premiers devoirs?

Mais il faut être juste, quand même on devrait soulever des rancunes puissantes. Une chose aussi peu explicable que les pré-

(1) Voir ci-après la note qui suit cet appendice.

jugés de la presse dite religieuse, c'est l'attitude de l'autre presse qui se prétend républicaine, et qui se montre si pitoyable dans la question ecclésiastique et tout ce qui s'y rattache.

L'esprit sectaire et laïque, un étrange respect humain, un entêtement singulier fait de haine ou de peur, possèdent encore l'esprit de notre bourgeoisie et expliquent, dans une certaine mesure, l'attitude de la presse séculière en face de la question religieuse et du trouble actuel des consciences. Le patriotisme vit de sollicitude et de fraternité. Les antichrétiens et les sceptiques ne semblent pas s'en douter. Résolus de garder le silence sur des faits dont ils reconnaissent d'ailleurs la gravité, ils découragent ou irritent les meilleures volontés.

A la suite de la guerre d'outrages menée contre l'idée chrétienne par une partie de la presse radicale et intransigeante, l'esprit de foi s'est insurgé, et c'est à son insurrection qu'on doit surtout attribuer quelques élections réactionnaires du 4 et du 11 mai dernier. Certains journaux positivistes et athées, aussi intolérants que l'*Univers* et *la Croix*, se moquent comme eux des avertissements et des prières. Ils demeurent obstinément fermés aux hommes indépendants, aux écrivains convaincus qu'un peuple sans foi, sans culte public, dépourvu de l'enthousiasme qui transportait nos pères, en 89 et 91, est à peu près désarmé et sans force vis-à-vis des ennemis du dehors, des adversaires et des misères du dedans.

La presse simplement libérale et opportuniste, si ce dernier terme plaît encore, n'a pas mieux compris les nécessités de l'heure actuelle. « Donnez-nous une petite place dans vos feuilles, lui ont dit quelques hommes de cœur. Ne voyez-vous pas qu'on se décourage çà et là; qu'un tiers ou un quart de la France refuse de sacrifier sa foi religieuse à la foi républicaine? Vous ne savez pas cela, vous autres, publicistes de Paris; vous ignorez les angoisses qui oppressent les cœurs de familles innombrables. Nulle force pourtant n'est à dédaigner tant que la France a besoin de tous les bras. Votre concours si puissant fera la lumière sous chaque toît, combattra la superstition au profit du spiritualisme chrétien; il dira à tous que la religion bien entendue, librement et généreusement pratiquée, sourit à l'idée républicaine et ne rencontrera jamais, dans les sphères officielles, autre chose qu'une bienveillance effective et persévérante. »

Cette prière touchante, ne craignons par de lever ici le voile qui cache nos misères, n'a jamais été comprise. « Laissez donc, ont répondu les uns, disparaître le sentiment religieux sous les coups du fanatisme à la mode! Laissez expirer, déjà moribonde, la foi qui depuis des siècles fait obstacle à tout. — Nous sommes des banquiers, des hommes d'affaires, ont répondu les autres; nos journaux n'ont point été fondés pour les croyants, pour les doctrinaires, ni pour combattre les ultramontains au profit des libéraux. Il y a de la vérité dans vos supplications; mais nous sommes liés, le saviez-vous? avec de riches conservateurs; nous avons besoin d'eux; or, ils nous ont très-bien expliqué que leur concours nous serait retiré le jour où des plumes chrétiennes et libérales écriraient dans nos colonnes pour dire ce qui distingue le croyant du clérical, et ce qui sépare le catholicisme véritable et disgracié du jésuitisme triomphant.

Telle est la vérité, exacte et lamentable. Aussi est-il arrivé, et le voyons-nous chaque jour : la religion mal entendue sert de bannière et d'abri à des partis violents, ennemis de la France moderne. Que deviennent alors la notion et l'amour de la patrie? Elles s'oblitèrent et succombent par le fait du silence des uns et des clameurs des autres. On ne s'intéresse plus bientôt à une patrie méconnue. Au jour même d'un nouvel écrasement, des mains applaudiront, ne croyant se réjouir que de la ruine définitive des athées et des méchants.

Il y aura bientôt un siècle, nombre de prêtres, d'évêques, de nobles, de gros bourgeois crurent devoir émigrer pour aller vivre chez nos ennemis, en attendant l'heure de revenir à leur suite. Combien de colères et de ruisseaux de sang à la suite de ces fatales erreurs! Les émigrés nous furent toujours odieux. Mieux valait mourir cent fois dans son pays que porter chez les ennemis le spectacle de nos misères et le secret de nos faiblesses avec tant de malédictions sur la France. Prenons garde, en ce moment, d'émigrer n'importe comment, au nom de la religion incomprise, au nom de nos propres terreurs, comme on émigrait, en 1791, au nom de la royauté méconnue. La masse populaire est simpliste et ne comprendra jamais certaines convictions aussi compliquées qu'intolérantes ; mais elle entend fort bien la religion de l'Évangile, et devine instinctivement que la vraie foi ne se prêtera jamais à des sophismes ni à des distinctions embarrassantes ou perfides. L'Évangile se contente de nous dire : « Rendez à chacun ce qui lui est dû et ne méconnaissez ni l'État ni la patrie dans vos dissertations sur les choses de Dieu et de l'Église. »

Le malheur actuel de la France c'est de chercher, sans pouvoir presque le rencontrer, un ensemble de personnalités capables de la rassurer dans son patriotisme et dans sa foi. Loin de moi la pensée de dénigrer ceux qui sont mes pères et mes supérieurs dans le sacerdoce ! Mais enfin d'où vient le silence de presque tous en présence de déclamations bruyantes et de hardiesses scandaleuses ? Est-ce à moi de leur dire ces paroles du saint livre : « *Non pavistis, occidistis.* »

Mgr Maret, primicier du chapitre de Saint-Denis, publiait, quelques semaines avant de mourir, son remarquable ouvrage sur *la Paix de l'Église et la Vérité catholique.* Comment la presse soi-disant religieuse a-t-elle accueilli ce message de charité et cet exposé de généreuses doctrines? par le silence et le dédain! Deux journaux catholiques de Paris: *l'Univers* et *le Monde,* ont presque maltraité le digne et savant évêque en qualifiant sa théologie de téméraire et d'insuffisante. C'est à de tels résultats que nous ont conduits, en France, l'amour des nouveautés et les entraînements de la mode chez les âmes passionnées et nerveuses.

Mgr Thomas, ci-devant évêque de La Rochelle, écrivait aussi une lettre éloquente, le 15 avril dernier, touchant Mgr Dupanloup et son libéralisme. Il en démontrait la hauteur, la sincérité et l'utilité au point de vue du patriotisme que rien ne doit opposer aux intérêts les plus chers de l'Église. On a fait le silence autour de cet acte courageux du nouvel archevêque de Rouen.

Le père Didon pesait moins dans la balance où une presse de combat juge au pied levé de la valeur des indépendants. Que n'a-t-on pas

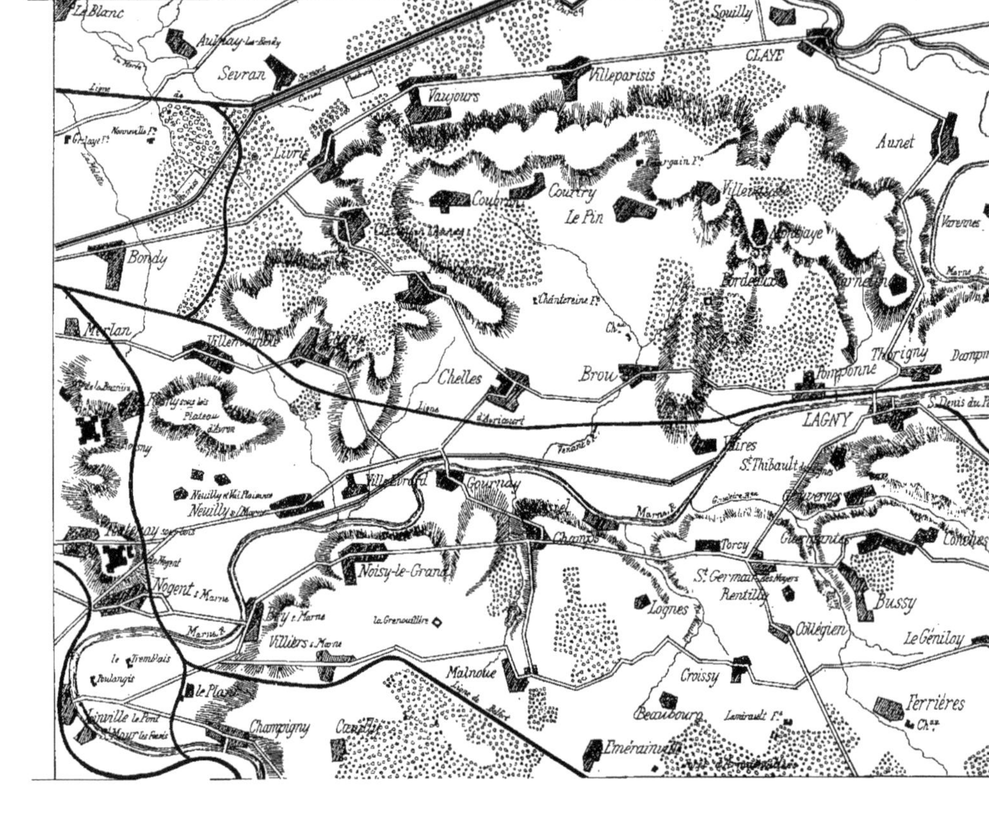

Le Blanc
Aulnay-lès-Bondy
Sevran
Canal
Souilly
CLAYE
Villeparisis
Vaujours
Livry
Aunet
Coubron
Courtry
Le Pin
Varennes
Bondy
Chântereine Fe
Brou
Chelles
Merlan
Marne R.
Thorigny
Pomponne
LAGNY
St. Denis du Port
Ligne d'Avricourt
Vaires
St. Thibault
Gouvernes
Plateau d'Avron
Neuilly s. Marne
Ville-Evrard
Gournay
Torcy
Champs
Conches
Noisy-le-Grand
St. Germain des Noyers
Rentilly
Bussy
Nogent s. Marne
Lognes
Collégien
Bry s. Marne
La Grenouillère
Villiers s. Marne
Le Génitoy
Malnoue
Ligne de Belfort
Croissy
Ferrières
Le Tremblais
Poulangis
le Plant
Champigny
Beaubourg
Lamirault Fe
Émerainville

dit de son ouvrage sur les Allemands dans la grande et la petite presse ultra-catholique? Le courageux moine avait écrit que le service militaire imposé à tous faisait du bien à l'Allemagne, et que la mise en pratique de ce système semblait de nature à relever notre clergé paroissial dans l'estime du pays sans nuire au bien des âmes. On ne lui pardonnera jamais, dans le camp des ultras et des monarchistes, marchant sous la même bannière, d'avoir publié nettement sa pensée et dégagé ainsi le patriotisme de la religion ou plutôt du fanatisme des factieux.

Sur ce point du service militaire pour tous, les champions du cléricalisme perdent absolument la tête. Nous avons entendu, récemment, le discours d'un aumônier de lycée à Notre-Dame-des-Victoires. C'était insensé! Notez, cependant, que ce prêtre est un fonctionnaire de l'État républicain!! Les ennemis intérieurs de la France moderne l'attaquent surtout par l'audace, assurés de l'impunité ou d'une répression ridicule qui les grandit aux yeux des naïfs et les soude pour jamais au parti de la réaction.

Si le patriotisme avait gardé, au sein du clergé français, sa notion primitive et véritable, un tel spectacle ne nous serait pas donné. On se paie de sophismes. On oppose la France ancienne ou future à la France d'aujourd'hui. Ce n'est pas nous, républicains et libéraux, qui oublierons jamais les prouesses héroïques des zouaves pontificaux, le dévouement et l'entrain des royalistes de l'Ouest pendant la guerre; mais à l'heure où Bazaine et d'autres comptent parmi nous encore tant d'apologistes, nous demandons que des faits pareils ne soulèvent plus, désormais, qu'une réprobation unanime.

Encourageons chacun et ne semblons pas ignorer ceux qui viennent à nous. Il y avait, au début du gouvernement républicain, de la bonne volonté dans tous les rangs du clergé concordataire et des familles les plus croyantes. Comment cette bonne volonté est-elle devenue ce que l'on sait? Une campagne maladroite et brutale contre nos habitudes scolaires; des grossièretés impies contre des emblèmes inoffensifs; des expéditions ridicules contre des moines dont il était si facile de se débarrasser autrement; des répressions frappant les petits, alors que les meneurs et les chefs se dérobaient derrière les pauvres desservants; d'autres lâchetés encore ont découragé les mieux disposés et rejeté les hésitants dans le camp ennemi.

On avait compté sur une action énergique de l'Etat; on avait demandé des évêques raisonnables et fermes; on croyait que le ministère allait affirmer, vis-à-vis de la curie romaine, une véritable politique, comme au temps de nos rois, ces fils aînés de l'Église. Il n'en a rien été. Abandonnant les candidats que soutenait l'opinion publique, ceux que recommandaient députés et sénateurs libéraux, on a transigé sur des noms sans valeur, et, depuis tantôt quinze ans, on a recruté l'épiscopat français parmi des prêtres honnêtes, mais vulgaires, chez qui l'ambition n'est pas assez éteinte, qui tremblent à la pensée d'une résistance légitime à des consignes d'une source douteuse et qui font cette seule et sempiternelle réponse aux champions de la liberté évangélique : « Vous n'êtes pas assez Romains. » Qu'on me laisse, un instant, répondre pour moi seul.

Simple prêtre, placé par le fait des luttes

confessionnelles et par mes expériences, dans une situation qui m'impose des devoirs, je demeure quand même le serviteur dévoué de l'Église catholique et de tous mes frères. Si je l'aimais moins, cette Église divine et humaine, fondée sur l'Évangile et sur l'Histoire, j'aurais fait comme tant d'autres et regardé le mensonge et l'intrigue du même œil que la vérité et le dévouement. L'obéissance est sœur du sacrifice; le respect est frère de la liberté. On le sait et pourtant on immole, sans se lasser, une de ces grandes choses à l'autre, au lieu de revendiquer leur saint accord, leur harmonie dans le plan éternel. L'Église catholique vit de soumission, mais aussi de courage et d'indépendance : qui donc paraît s'en douter aujourd'hui ?

« L'Église au-dessus de tout », disait naguère Schorlemer-Alst à la face de Bismarck. Que la trompette sonne de l'autre côté des Vosges, et nous saurons vite que la patrie allemande est au-dessus de tout, pour les catholiques, comme pour les protestants, les juifs et les libres-penseurs teutons.

Ce peuple n'est pas, comme le nôtre, dialecticien exclusif et outrancier du syllogisme. Il n'a pas lu, tour à tour, dans son histoire, la condamnation et l'apologie des mêmes faits, réputés crimes ou vertus. Sa conception du patriotisme est aussi arrêtée que son idée de l'unité allemande. En est-il de même chez nous tous, dévoués à la France républicaine ou attachés encore à l'ancien régime, dont plusieurs souhaiteraient presque le retour? Il me semble avoir démontré le contraire et la nécessité, en même temps, de rapprocher notre idéal religieux de la conception d'une Patrie, une et vivante. La force prêtée par les croyances n'est pas de trop pour accroître nos élans et pour nous raffermir au jour du danger. Que le sentiment chrétien se retrempe alors librement dans ses origines, et que la foi religieuse, comme la foi patriotique s'abreuve aux sources mêmes de l'idée du sacrifice. Immolons nos préjugés et nos rancunes sur un autel commun. Nos ennemis comptent nous trouver désunis et nous écraser encore une fois. Restons unis quand même, et rassemblons tous nos amours sur la France telle qu'elle est, en confondant toutes nos haines sur l'ennemi, qui est aujourd'hui ce qu'il fut toujours.

NOTE

Ce que l'auteur a cru devoir écrire au sujet du patriotisme et de la religion a excité l'étonnement et les murmures de plusieurs. Il fallait s'y attendre.

Nos pères eussent trouvé fort naturelles les appréciations de l'Appendice, et il leur eût seulement paru étrange que leurs fils et petits-fils eussent besoin d'être rappelés aux saines notions. Ce n'est pas en vain que les ultramontains et les jésuites ont travaillé librement, plus de trente années, au milieu d'une nation aussi oublieuse que la France. Une preuve entre mille nous en est fournie par l'entre-filet suivant du journal *la Presse*, art. Chronique religieuse, numéro du 5 août 1884 :

On appelle notre attention sur un discours que M. l'abbé Tisnès, ancien zouave pontifical, vient de prononcer dans la cathédrale de Tarbes.

Le prédicateur s'attache à réfuter les reproches adressés au clergé actuel, et il le fait d'une manière étonnante, ainsi que le prouve le passage suivant de sa conférence :

« Nous n'avons pas de patriotisme, dit-on çà et là ; et pourquoi nous reproche-t-on de manquer de patriotisme ? La raison est ridicule, mais enfin elle a été donnée : c'est que nous obéissons à un chef étranger. Nous obéissons au pape. » Et lorsque le conférencier s'est demandé ce qu'il choisirait, « de rester Français ou de renoncer à la patrie pour le pape, » sa voix, qui semblait s'éteindre, a balbutié « que la France, peut-être, sortirait de son cœur ».

Si Mgr Billière, évêque de Tarbes, assistait à cette étrange conférence, il avait le droit de se lever et d'interrompre l'orateur, en lui disant : « Monsieur l'abbé, il y a des suppositions impossibles et injurieuses. Vous venez d'en faire une, et je prie l'auditoire d'oublier vos tristes paroles. » A défaut de l'évêque, absent peut-être, le curé ou archiprêtre avait le droit et le devoir de rappeler M. Tisnès au respect de la religion et de la patrie.

Nous en sommes là aujourd'hui. Les questions de politique personnelle et temporelle ont pris le dessus dans nos diocèses. Si l'on n'y prend garde, le catholicisme romain va devenir le culte et la religion d'un homme, de sa politique et de sa royauté perdue, qu'il réclamera toujours. Une agitation perpétuelle, dangereuse et odieuse ne cessera d'exister dans les évêchés, dans les paroisses et grand nombre de familles. A-t-on songé à cela? A-t-on sous la main des hommes énergiques, capables de lutter contre des consignes étrangères et de faire rougir de leurs paroles, si peu françaises, tant d'abbés Tisnès?

N'oublions pas, en lisant ces lignes tristement significatives, que pas un journal soi-disant catholique, pas une semaine soi-disant religieuse, n'a pris la parole pour désavouer la monstrueuse doctrine de ce malheureux prédicateur. C'est un bon prêtre de Tarbes, auditeur indigné d'un discours antifrançais, qui en a fait parvenir le compte-rendu officiel à un confrère de Paris, afin que la presse parisienne publiât et stigmatisât ces choses odieuses.

Si la définition du terme « Patrie » est difficile à donner à cause des idées nombreuses qui se pressent sous cette dénomination, le sentiment qu'elle inspire et qu'elle éveille est beaucoup plus simple.

Interrogeons, par exemple, les Alsaciens-Lorrains soumis, depuis quatorze ans, aux lois et aux consignes de l'Allemagne, parlant malgré eux la langue du vainqueur et servant, en partie du moins, sous ses drapeaux. Demandons-leur quelle est et sera toujours leur patrie véritable!! S'il existe en France des Français qui ne puissent s'accorder avec la masse nationale sur la signification du terme de Patrie et sur les devoirs qu'Elle impose à tous et à toutes, prions-les de faire un tour en Alsace et de se renseigner, même auprès de ceux qui n'aiment ni la république comme forme de gouvernement, ni le christianisme libéral comme forme de religion.

Le pape ici n'est point à consulter, et ce n'est pas en pèlerinant près des piscines fameuses du voisinage de Tarbes que laïques ou ecclésiastiques réchaufferont un patriotisme ardent et sans mélange de scories.

TABLE

Paris. Imp. G. BALITOUT et Ce, 7, rue Baillif.

www.ingramcontent.com/pod-product-compliance
Ingram Content Group UK Ltd.
Pitfield, Milton Keynes, MK11 3LW, UK
UKHW021116220726
13924UKWH00004B/1740

9 782019 233549